W0468861

REMERCIEMENTS

Écrire un livre est une aventure extraordinaire, et je ne serais pas ici sans vous, mes lecteurs et mes *followers*. À vous, les 200 000 passionnés qui me suivent depuis un grand nombre d'années maintenant, merci de croire en moi, en mes conseils et en cette vision d'une vie où tout devient possible. Votre soutien quotidien, vos messages, vos partages et votre énergie me poussent à me dépasser. Merci pour votre confiance et votre bienveillance : ce livre, c'est aussi le vôtre.

Je remercie également ma maison d'édition, First Éditions, pour leur confiance et leur accompagnement tout au long de ce projet. Merci de m'avoir permis de transformer mes idées en mots, et mes mots en ce livre.

À mon équipe, qui rend l'impossible réalisable : mes assistantes, mon agent et toutes les personnes qui travaillent dans l'ombre. Vous êtes le moteur de tant de projets, et ce livre ne serait rien sans votre talent et votre dévouement.

Aux copines qui sont toujours là.

À Fanny, une amie précieuse et une source d'inspiration pour tant de passages dans ces pages.

À Emmanuelle, qui est ma binôme pour réaliser toutes les idées les plus folles, merci pour toutes les paillettes que tu mets dans ma vie.

À Chloé, plus qu'une confidente, celle qui m'économise un psy et qui sait écouter, comprendre et apaiser comme personne. Tu es mon repère infaillible.

À mon grand-père, qui n'est plus là physiquement mais dont la présence m'accompagne chaque jour.

À ma famille, mon pilier : mon père André, ma mère Cathy, mon frère Jordan et ma sœur Julie. Vous êtes mes racines et mes repères.

À Mila, merci de m'apprendre chaque jour que l'amour n'a pas besoin de lien du sang pour être vrai. Ton innocence, ta joie et tes rires apportent de la magie dans ma vie

À JC, mon partenaire dans la vie, dans notre entreprise et dans chaque projet. Ensemble, nous construisons une famille, des rêves et tant de souvenirs. Merci d'être mon complice, mon amour.

À Gianni, mon fils, le plus beau des projets de ma vie. Tu me rappelles chaque jour ce qui compte vraiment, tout ça c'est grâce à toi.

Enfin, à la vie. Merci pour tout ce qu'elle m'a apporté : ses défis, ses leçons, ses joies.

Ce livre est dédié à chacun d'entre vous. Merci pour tout.

Allison

Note *Tout ce que j'aurais aimé savoir* sur les plateformes en ligne
et rejoins le groupe Facebook privé dédié au livre grâce
à ce QR Code !

Le secret du bonheur :
va à l'école, obtiens de bonnes notes,
trouve un bon job et tout ira bien !

Non, je rigole !

SOMMAIRE

INTRO-
DUCTION

Tu sais quoi ? Ça fait des semaines que je cherche comment commencer ce livre. Je ne suis pas une écrivaine de renom, ni une super coach à la mode, je suis juste moi. Du coup, je vais arrêter d'essayer de trouver la phrase parfaite et je vais faire ce que je sais faire le mieux, juste t'expliquer les choses exactement comme elles me viennent.

Je t'avoue que tout ceci n'était pas prévu. Lorsqu'on me parlait d'un nouveau livre, je répondais toujours : « Plus jamais ! » L'écriture demande tellement de temps, d'énergie et de remise en question que, après le premier, je me suis clairement dit : « Stop. » Et, finalement, me voilà à écrire les premières phrases...

Dans mon premier livre, je t'ai donné mes commandements pour vivre de l'immobilier. Si tu l'as lu, tu retrouveras dans celui-ci ma philosophie de vie, mais mes deux ouvrages sont complètement différents. Dans le livre que tu tiens entre les mains, je te confie mes grands principes pour te permettre d'avoir une vie épanouie, telle que tu la mérites, et de te sentir aligné avec toi-même.

Ça a commencé à me trotter dans la tête il y a quelques mois, puis c'est devenu de plus en plus présent dans mon esprit. Ensuite, j'ai carrément eu la sensation d'être égoïste si je ne le faisais pas, si je ne te transmettais pas ces petites choses qui peuvent tout changer. Toutes ces choses que j'aurais aimé connaître avant, qui m'auraient fait voir la vie sous un autre angle, qui m'auraient permis d'avoir une vision différente du monde et des relations avec les autres. Celles qui permettent que tout devienne plus facile. J'ai ressenti cette envie, cette force presque, qui m'a dit de te partager toutes ces clés que j'ai comprises au fur et à mesure des années et qui ont entièrement transformé ma vie.

Je vais aussi te raconter des choses très personnelles. J'ai beaucoup hésité à les laisser dans la version finale du manuscrit, mais je pense que ces événements te permettront de mieux comprendre comment ces clés sont entrées dans ma vie. J'espère que ces témoignages t'aideront (peut-être que tu t'es trouvé dans la même situation) ou qu'ils te permettront de changer de regard ou de perspective sur ce qui t'entoure.

Je me suis façonné la vie que je souhaitais avoir, sans me demander si je pouvais le faire, si j'avais le droit ou même si cela était possible. Je ne sais pas vraiment à quel moment j'ai commencé à établir dans ma tête le plan d'action de ma vie. C'est venu petit à petit, dès que je vivais quelque chose qui ne me ressemblait pas, qui ne faisait pas partie de mes valeurs. C'est comme si une voix intérieure me disait : « Ça, ce n'est pas pour toi, allons voir ailleurs ce qu'on peut trouver de plus cool. »

Combien ici n'ont pas exactement la vie qu'ils souhaitent ? En réalité, tu peux devenir qui tu veux ! Non, attends, je sais que tu en as marre de cette phrase qu'on peut voir à toutes les sauces, de la couverture du dernier livre de développement personnel jusqu'à la pub pour une crème antirides (il n'y a que McDo qui te demande de venir « Comme tu es »). Ce que je te propose, c'est de rester toi en allant chercher la personne que tu es vraiment. Parce que l'on a tous des superpouvoirs en nous qui peuvent rester enfouis pendant des années ou même une vie entière, parfois juste parce qu'on n'est pas au bon endroit, pas avec les bonnes personnes ou juste pas encore prêt. Est-ce que tu t'es déjà demandé ce qui se cachait au fond de toi ?

Une dernière chose avant de te lancer. Ce livre, je l'ai écrit pour toi, pour qu'il te soit utile. Alors n'hésite pas à te l'approprier, à écrire dedans, souligner, surligner, mettre des Post-it ou corner des pages ! Ce que j'aime bien faire, c'est recopier les phrases qui résonnent en moi, ou celles que je trouve dérangeantes (c'est qu'il y a quelque chose d'intéressant à creuser derrière !) pour y revenir plus tard. Tu peux aussi noter toutes les idées qui te viennent durant ta lecture.

Bienvenue sur le chemin vers ton futur ! Dans quoi t'es-tu embarqué ? Beaucoup de choses vont changer pour toi à partir de maintenant. La vie, ça vous tombe dessus, le changement ne prend qu'un instant, il suffit de le saisir.

Certains passages de ce livre peuvent te surprendre, certaines affirmations te sembler inhabituelles, mais prends le temps d'y songer. Peut-être que tu auras peur de te lancer dans ces étapes, mais le plus gros risque n'est-il pas de rester dans une vie qui ne te convient pas ? J'ai testé toutes les clés dont je vais te parler durant les prochaines pages et elles m'ont permis de totalement transformer ma vie pour l'amener là où je souhaitais être, alignée avec moi-même. À ton tour !

CLÉS

SOIS LE **METTEUR EN SCÈNE** DE TA VIE

1.

Non, ne t'en va pas, ce n'est pas le titre d'une conférence de motivation pour gagner ton premier million en douze secondes ! Cette première clé est le point de départ : toi et toi seul décides de la direction que tu donnes à ta vie. Est-ce que tu souhaites diriger une entreprise ? Être parent au foyer ? Salarié pour une boîte de ton quartier ? Globe-trotteur ? Avoir un business sur Internet ? Demande-toi qui tu veux être.

Peu importe où tu es actuellement, tu peux aller où tu veux !

Oui, on entend ça partout et souvent on se dit : « Mais c'est quoi, ce discours ? C'est tout de même beaucoup plus difficile que ça, d'atteindre la vie idéale ! »

Tu as peut-être essayé de mettre des choses en place et puis, finalement, le manque de motivation, l'indécision ou simplement le fait que la vie, ce n'est pas si facile, ont fait que ça n'a pas fonctionné.

Alors je ne te dis pas que ça va être facile – loin de là même –, je te dis simplement que c'est possible !

L'école, ça ne m'allait pas vraiment. J'ai fait un BTS dans lequel je subissais mes journées. Puis j'ai eu un boulot de vendeuse dans une boutique de vêtements dans lequel je ne m'épanouissais pas. Mère célibataire, j'ai passé deux ans à faire les marchés, à déballer mon stand de vêtements tous les jours. Aujourd'hui, je prodigue des conseils sur les réseaux sociaux pour réussir dans sa vie d'investisseur et d'entrepreneur. Des centaines de milliers de personnes suivent mes aventures au quotidien. Sincèrement, je n'aurais pas pu imaginer que cela puisse m'arriver un jour. J'ai commencé par avoir des articles dans les journaux : *Le Figaro, La Provence*... puis j'ai eu un reportage sur M6, puis un second, ensuite mon émission sur Radio Immo, un livre, puis un second, et ma chronique hebdomadaire à la télé pour le groupe M6. Bref, je me suis retrouvée transportée du jour au lendemain dans un monde qui, je l'avoue, me plaisait, mais que je n'aurais même pas osé imaginer atteindre un jour.

Pourquoi est-ce que tout cela s'est produit ? Je n'ai pas plus de qualités qu'une autre (j'ai même tendance à penser que j'en ai moins !), je suis née dans une famille « standard » si je peux dire ça, nous n'étions pas pauvres mais nous n'étions pas riches non plus... Alors, pourquoi moi ?

Et puis un jour, j'ai compris, et je me suis rendu compte que ce n'était pas le fruit du hasard. Non pas que j'aie des qualités extraordinaires qui m'ont permis d'y arriver, non pas du tout. J'ai réalisé que tout le monde pouvait le faire. Alors quand je dis cela, je ne parle pas forcément du fait d'être reconnu dans son domaine, ni d'être suivi par des milliers de gens – je pense bien que cela ne plairait pas à tout le monde et peut-être que tu fais partie des personnes qui ne sont pas du tout attirées par ça.

Je te parle de réussir à vivre la vie que tu souhaites mener. Tu sais, celle dont tu rêves en secret tout au fond de toi, celle que tu n'arrives presque pas à t'avouer à toi-même.

Parfois, cette vie que tu fantasmes est tellement à l'opposé de ce que tu vis actuellement que tu te dis que c'est clairement inenvisageable. Et si tu es absolument convaincu que c'est impossible, méfie-toi, car tu risques d'avoir raison !

J'adore cette citation de Henry Ford qui m'accompagne depuis des années :

« Il y a des gens qui disent qu'ils peuvent ; d'autres qu'ils ne peuvent pas. En général, ils ont tous raison. »

Aujourd'hui, j'ai tout ce que je souhaitais avoir, tant professionnellement que personnellement et, quand j'y pense, si je suis totalement transparente, j'ai même plus que ce que je souhaitais. Et pourtant, je pars de rien : des études pas très fructueuses, une vie professionnelle qui n'a pas vraiment bien commencé, et une vie personnelle qui est finalement allée de déception en déception.

Ce qui a fait la différence, c'est lorsque j'ai pris conscience que c'était à moi et moi seule de choisir l'itinéraire qu'allait prendre ma vie. C'est à ce moment-là que les tendances se sont totalement inversées. La vie que j'avais ne me l'allait pas, alors j'ai décidé de changer les choses.

Il y a quelques principes à suivre et à mettre en pratique pour que ce que tu souhaites se réalise. La première chose que j'ai testée et qui a vraiment fonctionné, c'est de se comporter comme la personne qu'on souhaiterait être. Inspire-toi de ceux qui ont les résultats que tu vises.

Laisse-moi te donner un exemple. Si tu as envie d'être une nana ou un mec *healthy*, pense, mange et dors comme le font les gens qui le sont déjà. Par exemple, lorsque tu t'apprêtes à manger une (ou peut-être même deux) tartines de Nutella (tu sais, celles du matin qui te font tant plaisir lorsque tu viens de te lever ?), eh bien, pose-toi la question de savoir ce que les personnes dites *healthy* dont tu voudrais faire partie feraient. Quel serait leur choix ? Manger ces tartines ? Choisir un fruit ? Peut-être boire un thé ?

Comporte-toi comme la personne que tu veux devenir.

Si tu veux faire partie de ce groupe de gens, imagine les choix qu'ils feraient et agis ainsi. C'est de cette manière que tu deviendras la personne que tu souhaites être. Dès maintenant, tout de suite, dans la prochaine minute qui va s'écouler, fais les choix qui s'appliquent à la personne que tu souhaites devenir.

Peut-être vas-tu penser que ça semble un peu facile comme plan, que si c'était si simple... Et pourtant, en choisissant intelligemment tes actions durant les prochains mois, ta vie peut totalement se transformer.

On peut aussi mettre cette situation en parallèle avec le type de personnes que tu souhaites avoir dans ta vie, que ce soit le conjoint ou la conjointe, ou encore ton cercle d'amis. Si tu veux être en couple avec une personne en bonne santé, qui prend soin d'elle, qui est sportive et s'intéresse à beaucoup de choses, tu as plus de chance de tomber sur elle en fréquentant des salles de sport, des bibliothèques ou des stages de développement personnel plutôt que le PMU du coin ou qu'une boîte de nuit à 2 heures du matin.

Alors attention, je ne te dis pas de te forcer à devenir quelqu'un que tu n'es pas. Rappelle-toi, l'idée est de trouver qui est au fond de toi, pas de te cacher sous un masque. Si, en agissant comme la personne que tu rêves d'être, tu te sens plus aligné, mieux avec toi-même, c'est que tu es sur la bonne voie ! Le principe, ici, c'est d'initier le changement.

Quel chemin veux-tu prendre ? Ce qui fait la différence, c'est d'avoir la volonté de voir grand malgré la modestie de tes débuts. Toutes les cartes sont entre tes mains, tu n'as plus qu'à choisir avec lesquelles tu souhaites jouer.

FAIS DE TES **DÉFAUTS** TES **SUPER-POUVOIRS**

2.

J'ai mis longtemps à le comprendre, mais mon superpouvoir à moi, c'est d'être fainéante. Oui, tu as bien lu : être fainéante ! Si, je t'assure, même un « défaut » au premier abord peut devenir une très grande qualité.

Je t'explique : j'ai toujours été fainéante, du plus loin que je me rappelle, j'ai toujours fait le minimum de ce que l'on me demandait. Le plus lointain exemple qui me vient en tête, c'est lorsque j'étais encore au collège. J'avais compris qu'on attendait de moi un certain niveau et une note minimum (en aparté, honnêtement, tout le monde aujourd'hui a très bien compris que la moyenne que tu obtiens à l'école ne définit en aucun cas la personne que tu es ou que tu vas devenir, mais à l'époque, c'était une autre histoire).

Je m'étais vite rendu compte que lorsque j'avais en dessous de la moyenne, c'était compliqué : entre mes parents et les profs, j'avais des comptes à rendre de tous les côtés et c'était clairement lourd. Au-dessus de 13/20, je voyais bien qu'ils étaient étonnés et n'en demandaient pas tant. À 11 de moyenne, je ne faisais pas de vague, je passais sous les radars, on va dire. Je n'avais pas besoin de vraiment travailler pour obtenir cette moyenne et on me laissait tranquille. J'ai donc obtenu cette note pendant presque toute ma scolarité ! Bref, tu m'as cernée ?

Je fonctionne comme ça dans la vie : lorsque je dois atteindre un objectif, je trouve toujours le moyen le plus rapide pour le faire, car ma fainéantise est bien présente. Du coup, je perds moins de temps, je vais droit au but et j'étudie la stratégie la plus rapide pour obtenir ce que je souhaite.

Tu as plus de pouvoir que ce que tu crois.

Je sais que je suis assez impatiente aussi. En quoi est-ce utile ? Eh bien, quand je veux quelque chose, comme je déteste attendre, je fais tout pour que ça arrive vite. Résultat, ça me permet d'obtenir ce que je veux plus efficacement.

Voilà comment on peut transformer un point que l'on peut penser négatif en point positif.

J'ai décidé d'être investisseur, car en étant salariée je n'avais pas assez de temps pour être feignante.

Je te parle de fainéantise et d'impatience parce que c'est ce que je connais le mieux, mais c'est valable pour plein de caractéristiques vues comme des défauts par la société.

L'important est de se connaître et de voir les choses sous un autre angle.

Par exemple, au lieu de souvent reprocher à quelqu'un de timide de ne pas être avenant simplement parce qu'il n'aime pas parler aux gens ou qu'il ne se sent pas à l'aise en public, on pourrait plutôt se dire que cela va lui permettre d'être plus observateur, de prendre plus de recul sur un événement, de mieux analyser une situation. Cette timidité lui permet peut-être d'être plus posé, plus à l'écoute, plus attentif aux détails. Prenons à l'inverse quelqu'un d'impulsif, ce qui est souvent vu comme négatif. Cela veut aussi dire qu'il est dynamique, qu'il prend des décisions rapidement et que les choses bougent. Finalement, est-ce que ce n'est pas mieux, parfois, que de ne pas oser y aller ?

Et toi, quel est ton plus grand défaut ? Et si tu changeais ton regard dessus ? Demande-toi ce qu'il te permet de faire différemment et en quoi il peut t'être utile.

SUBIR SA VIE EST PLUS DIFFICILE QUE D'ALLER CHERCHER **LA VIE DE SES RÊVES**

3.

Au début de ma vie, je pensais comme la plupart des Français : on traverse chaque jour en essayant de faire en sorte que ça se passe bien, qu'il n'y ait pas trop de vagues.

La partie école, clairement, j'étais là parce qu'il fallait bien faire quelque chose, mais cela ne m'enchantait pas. J'ai commencé à découvrir la « vraie vie » au début de ma vingtaine, quand j'ai fait mes débuts dans le monde du travail, d'abord en alternance dans une boîte de recrutement durant mon BTS. Si j'étais hyper excitée d'enfin rentrer dans la vie active et d'avoir un salaire qui arrive sur mon compte chaque mois (OK, c'était 650 € seulement, mais quand même...), j'ai rapidement déchanté. Je subissais clairement tout : je devais être en tailleur et en talons chaque jour. J'avais 20 ans ; autant te le dire, les premiers jours, je trouvais ça cool, je me prenais pour une vraie *working girl*. Mais au bout de deux ou trois semaines, c'est devenu vraiment moins drôle. Je n'avais pas le droit de sortir durant ma pause de midi, j'étais obligée de manger sur place avec mes collègues, j'avais même des textes tout faits pour les nouveaux clients que je devais réciter par cœur sans pouvoir y changer le moindre mot ou y mettre ma propre touche... J'ai fini par mettre fin à cette expérience quelques mois plus tard en expliquant à mon patron qu'il essayait de me faire rentrer dans un moule dont la forme n'était pas du tout faite pour moi.

À la suite de cela, je me suis retrouvée vendeuse en CDI dans un magasin de vêtements à Luxembourg. Je subissais toujours autant mes journées de travail. Les réveils à 6 heures du matin, les trajets de deux heures dans des trains bondés pour faire Metz-Luxembourg chaque jour, les supérieurs qui étaient craints par la plupart des salariés, les heures interminables à attendre les clients… J'essayais de me réconforter en me disant qu'au moins, je passais à un salaire de 1 700 € plus des primes (c'était d'ailleurs ce qui m'avait fait accepter cet emploi, même avec le temps et le coût du transport, je gagnais bien mieux ma vie qu'en France où les offres d'emploi équivalentes étaient au SMIC, soit 1 050 € à l'époque !). Moi qui pensais que le seul objectif que je devais atteindre dans ma vie professionnelle était de gagner beaucoup d'argent peu importe le reste, cette expérience m'a prouvé qu'il y avait d'autres choses qui étaient encore plus importantes que ça.

C'était donc ça, la vie qui m'attendait ? Mais comment pouvais-je laisser filer plus de la moitié de mon temps à faire ce que quelqu'un d'autre me demandait pour percevoir de l'argent à la fin du mois ?

Et puis quoi ? Compter, toujours compter ? Compter combien d'heure de pseudo-liberté il nous reste avant de retourner travailler ? Compter pour avoir assez d'argent pour payer son logement, ses factures, peut-être des vacances si on peut se le permettre et si notre patron nous les accorde, pour qu'on puisse rejoindre notre famille ou nos amis ? Et s'il refuse, tant pis, ce sera peut-être pour l'année prochaine…

Les collègues qui parlent dans le dos des autres alors que, depuis des années, ils passent toutes leurs journées à moins de trois mètres les uns des autres. Franchement, je ne sais pas, dans ma tête, ce n'était pas possible. C'est comme si, à la table de la vie, le plat principal que l'on me proposait me coupait l'appétit.

Je n'aimais pas du tout les règles qu'on nous imposait. Les obligations, je détestais ça aussi. Et être plus souvent au travail qu'à vivre ce que je souhaitais, ce n'est même pas que je n'aimais pas ça, c'est que je ne le comprenais carrément pas !

C'est à ce moment-là, au début de ma vie professionnelle, que je me suis rendu compte que ce n'était pas possible. Il devait forcément exister autre chose, une vie mégacool où je n'entendrais plus les gens me répéter d'un air indifférent ou désabusé qu'« il est normal de ne pas aimer son travail », mais qu'« il faut bien gagner sa vie » car « on n'a pas le choix », « c'est comme ça, la vie ! ».

Mais il n'y a rien de pire que de passer sa vie à enchaîner des journées dans un job qu'on n'aime pas ! Pour moi, c'est échanger sa liberté contre une fausse sécurité.

Ne pas kiffer son travail, c'est comme si on mettait sa vraie vie en pause pendant huit heures tous les jours. Pourquoi séparer le travail et le reste de ta vie ?

Tu n'atteindras jamais le bonheur grâce à un diplôme.

Pourquoi ne pas tout mélanger et vivre ta vie comme tu l'entends chaque seconde ? Te sentir vivant, enthousiaste, aligné avec toi-même ? Ça me semble beaucoup plus dur de rester prisonnier d'une vie sans saveur que de se bouger pour aller chercher les financements pour ce business que tu rêves de créer depuis des années, par exemple, ou pour partir faire le tour du monde en sac à dos, ou de changer d'organisation ou de mode de vie pour passer plus de temps avec tes enfants, etc. Car c'est le même principe pour ta famille, tes enfants, tes amis, tes passions…

Ta vie, c'est le résultat de tes choix. Même ne pas choisir, c'est un choix.

Sur une échelle de 1 à 10, où placerais-tu ton bonheur ? Te sens-tu là où tu dois être ? Pourquoi accepterais-tu autre chose que le top ?

AIE CONSCIENCE DE **TA VALEUR** ET DE LA VALEUR DE **TON TEMPS**

4.

Quand je discute avec les gens, je me rends compte que, trop souvent, ils se dévalorisent. Ils n'ont aucune idée ni de leur valeur, ni de la valeur de leur temps.

Tout part de ta façon de penser. Si tu n'as pas confiance en toi, en ta valeur, comment veux-tu que les autres te fassent confiance ? Si tu es hésitant, pas convaincu, pas motivé, ton interlocuteur sentira tout cela. Ce qui se passe autour de toi est le reflet de ce qui se passe à l'intérieur de toi.

Laisse-moi te raconter comment j'ai pu obtenir mon premier crédit immobilier alors que j'étais encore en période d'essai. J'ai rencontré le papa de mon fils pendant mes études. Et, quatre ans plus tard, j'avais 22 ans, nous avons décidé d'acheter un appartement ensemble pour en faire notre chez-nous. Cela faisait deux mois que j'avais été embauchée en CDI dans une boutique de vêtements au Luxembourg et on avait repéré un appartement qui nous plaisait, de 50 m^2 avec une chambre et un espace aménageable en deuxième chambre. Or, j'avais une période d'essai de trois mois et, sans garantie que je conserverai mon emploi, les banques ne voulaient pas nous accorder de prêt.

J'ai pris mon courage à deux mains et je suis allée voir mon patron. Avec son associé, il dirigeait un groupe de plusieurs boutiques. C'était quelqu'un d'exigeant et d'assez cash, et plusieurs employés avaient peur de lui. Je suis allée lui parler de ma situation et lui demander un document pour confirmer le fait qu'il allait me garder. Il m'a répondu : « Mais qu'est-ce qui te dit qu'on va te garder, Allison ? » J'avais un argument quasi imparable : « Je suis une des vendeuses qui fait le plus de chiffre dans votre boîte, donc je pense que vous allez me garder ! » C'est grâce à ce papier que j'ai pu acheter mon premier bien. Tu vois en quoi avoir une idée de sa valeur est fondamental ? Tu vas me dire que le terme de « valeur » est large. Oui, c'est vrai, mais à toi de voir à quoi il correspond dans ta situation.

La vie t'emmènera où tu veux si tu lui indiques la bonne direction.

Par exemple, on peut parler du taux horaire. C'est peut-être quelque chose que tu maîtrises, parce que tu es indépendant et que tu factures à l'heure. Si tu n'en as pas l'habitude, ça peut te donner une idée du montant que tu gagnes en travaillant une heure. Tu vas peut-être te dire : « Ah oui, c'est mieux que ce que je pensais en fait ! » Ou alors : « C'est tout ? » C'est le moment de demander une augmentation !

En sachant combien tu gagnes par heure, cela te permet de faire des arbitrages. Est-ce qu'il vaut mieux que je délègue ou que je fasse moi-même (par exemple, le ménage, la comptabilité, trier des documents ou toute activité qui te concerne) ? Imaginons que je gagne environ 20 € de l'heure et que j'adore mon travail, mais que je déteste faire le ménage dans l'appartement que j'ai en location et que la femme de ménage coûte 15 € de l'heure. Alors, il est plus rentable que je travaille et que je fasse appel à elle pour le ménage, d'autant qu'elle est experte et qu'elle va être plus efficace que moi. Inversement, si externaliser l'activité me coûte plus cher, ça n'a pas d'intérêt, sauf si je suis incapable de la mener à bien. La seule exception à cette règle, pour moi, c'est quand déléguer l'activité est rentable mais que je prends du plaisir en la réalisant : dans ce cas, autant que je la garde !

Pour aller encore plus loin, t'es-tu déjà demandé quelle était la valeur de ton temps dans ta vie personnelle ? Sais-tu combien vaut une heure ou même dix minutes ? Je t'entends me dire : mais ce n'est rien, ça ne vaut pas grand-chose ! Maintenant, additionne toutes ces minutes et heures passées au cours de l'année avec des personnes avec qui tu n'avais pas envie d'être, qui t'ont déprimé, démotivé, avec qui tu ne partages ni les mêmes idées, ni les mêmes valeurs, ou encore ce temps passé à faire des choses dont tu n'avais pas envie et qui ne t'ont pas permis d'évoluer… C'est vertigineux, non ?

Apporte plus de valeur à ton temps qu'à l'argent ou au matériel. Notre temps est précieux (que le premier qui n'a jamais dit « Mais je n'ai pas le temps ! » lève la main). Réfléchissons mieux à la manière dont on l'utilise et auprès de qui on choisit de le passer.

LA PERSÉVÉRANCE T'OUVRIRA TOUTES LES PORTES

5.

Alors qu'on était en train d'acheter un appartement avec mon compagnon, je suis tombée enceinte. Ce n'était pas du tout prévu, je prenais la pilule. Mais j'avais toujours rêvé de devenir maman, c'était donc une bonne nouvelle ! Immédiatement, ça a transformé ma manière de penser, d'envisager la vie : mon enfant qui allait venir au monde est devenu ma priorité.

Je te le racontais dans le chapitre précédent, l'appartement en question faisait 50 m² et il aurait pu convenir. Mais non : aménager la deuxième chambre aurait considérablement réduit la pièce à vivre. J'avais envie que mon enfant grandisse dans une maison avec un jardin, qu'il ait de l'espace, comme moi j'ai eu la chance de connaître.

Avant de savoir que j'étais enceinte, je me pensais incapable d'avoir les moyens d'acheter une maison. Mais j'ai trouvé en moi des ressources dont je n'avais même pas idée. J'ai trouvé une maison qui me semblait idéale compte tenu de nos critères et je me suis battue pour l'avoir. C'est une histoire que je raconte souvent, car elle est fondatrice dans ma vie. C'est là que j'ai découvert que j'étais capable de bien plus que je ne pensais, et que j'ai fait l'expérience de la persévérance. Car il a fallu que je démarche 13 banques avant d'obtenir notre crédit immobilier. Oui, tu as bien lu, 13. J'ai essuyé 12 refus. Je ne sais pas si tu as déjà eu l'occasion de négocier un crédit, mais si c'est le cas, combien de banques as-tu consultées ? Ou au bout de combien de refus as-tu baissé les bras ? Si j'avais écouté ce que les 12 premiers banquiers m'avaient dit, jamais je n'aurais eu ma maison.

Et ça a été comme ça tout au long de ma vie et de ma carrière.

Si j'avais dû abandonner à la moindre difficulté, je n'en serais pas là.

Aujourd'hui, je reçois régulièrement sur Instagram des messages d'abonnés qui me disent : « Je suis allé voir ma banque mais mon banquier m'a dit qu'il ne me financerait pas, et d'ailleurs que personne ne financerait mon projet. Je ne sais pas quoi faire... » Donc tu lâches l'affaire ? On s'en moque ! Que ton projet n'est pas finançable, c'est la croyance de ce banquier-ci. Ce n'est pas la tienne, et très probablement pas celle de tous les banquiers ! Lui te dit que personne ne va te financer. Moi, je te dis que quelqu'un va te financer. Mais il faut que tu te démarques, que tu te remettes en question, que tu te battes. Si ça ne marche pas, réajuste un peu tes voiles pour légèrement changer de direction. Et tu finiras par y arriver.

Tu es responsable de ce qui se passe dans ta vie. Tout est question de choix : ne pas persévérer en est un. Je suis persuadée que tu peux obtenir tout ce que tu veux, mais il ne faut pas lâcher. Continue, essaie, essaie encore, et tu verras ce que ça donne. Est-ce que tu es prêt à aller chercher ce que tu veux ou est-ce que tu veux rester sur ton canapé à subir la vie ?

TROUVE TON **POURQUOI**

6.

Tu sais, si on m'avait demandé mon « pourquoi » ou ma raison d'être à 22 ou 23 ans, je pense que je n'aurais même pas compris la question. Donc ne t'inquiète pas si tu n'as pas de réponse immédiatement ! Parfois, ce n'est pas clair dans nos têtes parce qu'on est trop jeune, on ne sait pas, et c'est OK. Sans le savoir, on peut quand même avoir quelque chose au fond de nous qui nous fait avancer, comme ça m'est arrivé. Ce truc tellement fort que tu ne lâches jamais.

Qu'est-ce qui te fait vibrer ? Qu'est-ce qui donne du sens à ce que tu fais ?

Pour moi, c'est mon fils, Gianni ! J'avais 22 ans quand j'ai appris qu'il était déjà là, dans mon ventre, bien installé, à grandir tranquillement. Immédiatement, je me suis dit que les choses devaient changer, que j'allais tout faire pour lui, pour moi, tout faire pour être libre. La vraie liberté, celle où tu ne dépends de personne et où tu es seul maître de tes choix. Rien que d'imaginer montrer à mon fils qu'il était normal de subir sa vie m'a boostée à me bouger pour changer le futur.

À ce moment-là, j'étais encore vendeuse de vêtements en CDI pour une boutique au Luxembourg. J'ai enchaîné congé maternité et congé parental jusqu'aux 9 mois de mon fils. J'ai adoré cette période où je pouvais m'occuper de lui tous les jours, la liberté de ce rythme, le fait de pouvoir le voir grandir et être disponible pour lui. C'était ce que je voulais. Je me sentais alignée avec cette manière de vivre.

Puis est venu le moment de retourner au travail. Le changement de mode de vie a été brutal. J'étais loin de mon fils, je ne le voyais quasiment plus, puisque j'étais à 40 heures par semaine, plus mes deux heures de trajet aller, deux heures de trajet retour entre Metz et Luxembourg-Ville. Un mois est passé comme ça ; c'était tellement dur pour moi. Ce n'était pas la vie que je voulais. Élever mon fils moi-même était ma priorité ! Je souhaitais lui transmettre le maximum de ce que j'avais appris de la vie, et je me disais que s'il passait plus de temps à la crèche ou chez une nourrice qu'avec moi, je n'aurais pas assez de temps pour qu'il ait une vision différente de la vie.

Tu vois, en écrivant ces lignes, je me rends compte que, déjà à ce moment-là, durant le début de ma vingtaine, je pensais ainsi. Je souhaitais que mon fils comprenne le plus tôt possible qu'il pouvait être qui il souhaitait. « Tu vois l'avion, tout là-haut dans le ciel ? Eh bien, tu pourras le piloter si tu veux. » Comme si, au fond de moi, je me disais que si je restais dans la norme en faisant garder mon fils par une personne dont c'est le métier, j'allais le mettre dans une case, où il allait finir un jour par penser qu'il est normal de subir sa vie. Peut-être que tu te dis que je vais un peu loin ; après tout, il n'avait que quelques mois, qu'est-ce que ça pouvait changer ? Mais mon instinct me disait de faire différemment.

Depuis sa naissance, je lui avais acheté de jolis vêtements d'occasion pour bébé, et comme un bébé ça grandit vite, je les revendais sur Internet. Sans que ce soit une activité professionnelle à l'époque (j'étais alors en congé parental), je voyais que ça me plaisait et que ça marchait bien : j'arrivais à les revendre plus cher que ce que je les avais achetés alors que mon fils les avait portés entre-temps, il y avait donc forcément un business à en tirer. Ça allait être ma porte de sortie.

Je suis convaincue qu'il faut toujours dire la vérité. Je suis donc allée voir mon patron et je lui ai expliqué que je ne me sentais pas en accord avec cette vie, maintenant que j'avais mon fils. Que le fait de venir travailler tous les jours comme ça ne me convenait plus, que, désormais, je voulais être à mon compte. Je pense que mon honnêteté a joué dans la balance. J'ai pu négocier un départ dans de bonnes conditions. J'avais conscience de ce qu'il faisait pour moi et, pour le remercier, je lui ai dit de m'appeler s'il avait besoin de personnel en plus au moment des fêtes, des inventaires ou autre. Lorsque tout a été signé, je me suis sentie libérée, alignée.

Si quelque chose te dérange, que tu vas travailler la boule au ventre, ou que tu rentres chez toi et que tu te sens mal, que tu te dis que ce n'est pas ce que tu veux, c'est le signe qu'il ne faut pas le vivre et qu'il y a des choses à changer dans ta vie[1].

1. Si cette phrase résonne en toi, je te conseille d'aller lire aussi la clé « Fais-toi confiance et écoute ton instinct », p. 83.

Je me suis donc retrouvée à vendre des vêtements d'occasion pour enfants sur Internet et j'ai commencé à faire de l'argent avec ça. J'étais avec mon fils tous les jours, je travaillais de la maison. Le dimanche matin, je me levais pour être à 7 heures sur les brocantes, avec Gianni, 1 an, dans sa poussette. J'étais l'une des premières clientes de la journée, j'achetais plein de vêtements, et quand je rentrais le dimanche après-midi, je commençais mon rituel : lessive, repassage, photo et mise en ligne sur Facebook, eBay… J'avais même ouvert mon site Internet ! (Vinted n'existait pas à l'époque.) Je n'en revenais pas de faire tout ça toute seule. C'était la première fois que j'étais à mon compte, je gagnais mon propre argent sans l'aide de personne : ça a été une grande étape pour moi, de me rendre compte que j'en étais capable.

J'ai beaucoup aimé cette période. En plus, mon fils avait bien compris les moments où je pouvais m'occuper de lui et ceux où je travaillais et où je n'étais pas disponible. Je lui avais bien expliqué. Et dans ces instants-là, il était sur son tapis de jeu avec ses petites affaires pendant que je prenais les photos ou que je faisais les colis. Sans compter que c'était un gros dormeur, il faisait la sieste de 14 à 18 heures tous les jours, ce qui me permettait de bien avancer. Ma maman et ma sœur me donnaient un coup de main de temps en temps si jamais j'avais besoin de le faire garder (je venais tout juste de me séparer de son papa, j'en parle dans la clé suivante, p. 45).

Juste avant ma séparation, j'ai aussi acheté mon premier bien locatif durant cette période, un petit appartement à retaper. Je ne pensais pas du tout que j'allais en vivre à l'époque, mais j'adorais l'immobilier, ça me faisait vibrer de pouvoir me lancer. Quelques années après, les investissements immobiliers ont pris plus de place dans ma vie et m'ont permis de m'épanouir sur tous les points. C'est devenu mon « travail », si je peux appeler ça comme ça. En fait, plus qu'un job, je dirais plutôt que c'est une passion qui me rapporte de l'argent, bien plus que je ne pouvais l'imaginer d'ailleurs.

Pour en revenir au pourquoi, je suis sûre que si je n'avais pas eu mon fils à cette période-là, je ne me serais pas lancée dans l'entrepreneuriat à 22 ans, ou pas aussi vite, ni avec tant de conviction. Aujourd'hui, je me rends compte qu'avoir mon bébé jeune m'a fait gagner en maturité beaucoup plus vite. À l'époque, dans mon esprit, comme j'avais mon fils, je n'avais pas le choix : j'avais besoin d'argent, il fallait que je puisse acheter une maison dans laquelle il pourrait grandir, que je puisse subvenir à ses besoins sans avoir la corde au cou tout le temps, et être là pour lui. Donc je me disais : il faut que tu gagnes ta vie, et il faut que tu la gagnes différemment, car avoir des horaires fixes, ça n'ira pas avec la vie que tu as envie d'avoir.

Où te sens-tu à ta place ? Qu'est-ce qui te donne envie de te lever le matin ? Le « pourquoi », c'est cette chose qui te fait sortir de ta zone de confort, ce qui donne du sens à tes actions. C'est lui qui te donne le courage d'oser et la motivation pour persévérer.

Quand ton pourquoi est solide, tu ne lâches jamais.

Je me rends compte qu'il y a des dizaines de situations où j'aurais pu abandonner, mais je me suis dit à chaque fois : si tu laisses tomber, tu retournes dans ta vie d'avant, celle dont tu ne veux plus. Donc soit tu fais en sorte de t'en sortir, soit tu y restes toute ta vie.

Ton pourquoi t'appartient, à toi et personne d'autre, mais il n'est pas figé, il peut évoluer au fil du temps.

IL Y AURA TOUJOURS DES PRO-BLÈMES, **AUTANT LES CHOISIR !**

7.

Oui, je sais, le titre de ce chapitre ne donne pas vraiment envie ! Ça donne un ton négatif, à l'opposé de ce que je souhaite transmettre comme message dans la vie… Mais là, je dois bien avouer que c'est vrai ! Attends, que je t'explique, tu vas voir que c'est une clé bien utile à avoir à l'esprit.

Il y aura toujours des conséquences à ce que tu souhaites obtenir. Il faut y réfléchir et avancer en en ayant conscience.

Si tu souhaites quelque chose, il faut accepter les problèmes qui vont avec. C'est même à ça que tu peux mesurer ta motivation à atteindre ton objectif : est-ce que tu acceptes ces problèmes ? Et est-ce que tu acceptes de prendre du temps pour les régler ?

J'ai appris ça avec Roger, qui a été mon coach durant plusieurs années. Un jour, nous parlions de mes objectifs de l'époque et je lui ai dit : « Si je pouvais arriver à 100 000 abonnés sur mon compte Instagram, ce serait complètement dingue. »

Il m'a répondu que si c'était ce que je souhaitais, c'était une évidence que cela allait se produire. Je devais avoir 10 000 abonnés à ce moment-là, peut-être même pas. Ça me paraissait fou qu'il n'ait aucun doute sur le fait que ça allait se réaliser. Je me disais que c'était génial. Et là, il a soulevé une chose à laquelle je n'avais pas du tout pensé. Il m'a dit : « Il faut juste savoir si tu es prête à supporter les problèmes qui vont avec ! »

Au début, je n'ai pas vraiment compris : comment pourrait-il y avoir des problèmes à être suivie par 100 000 personnes sur mon compte Insta @allisonjungling ? Je n'y voyais que des avantages.

Il m'a alors expliqué que le fait d'avoir autant d'abonnés allait également m'apporter des gens malveillants, des détracteurs, des *haters*. Que, du coup, j'allais recevoir des messages loin d'être sympas, des insultes. Peut-être que des gens allaient me reconnaître dans la rue et que, lorsque ce serait de temps en temps, ça me ferait plaisir, ce serait même flatteur, mais qu'au moment où ce serait récurrent, ça pourrait commencer à devenir agaçant... Effectivement, je n'avais jamais pensé à tout cela.

Un jour, je suis tombée sur une émission où un artiste s'exprimait sur le fait que devenir connu soit le rêve d'un grand nombre de gens, notamment parce que beaucoup s'imaginent que ça réglerait tous leurs problèmes (argent, passe-droit...). Il a alors dit : « Je souhaite que tout le monde puisse être célèbre une journée dans leur vie pour qu'ils comprennent que ce n'est pas la réponse. » Car lui aussi devait avoir un grand nombre de problèmes à gérer par rapport à ça et, visiblement, ce n'était pas si génial.

Dans ce cas précis, j'ai dressé la liste de pour et de contre (les listes, c'est la vie !) et j'ai décidé que, malgré la liste de contre (qui était beaucoup plus conséquente que ce que j'aurais pu imaginer), la liste de pour représentait beaucoup plus pour moi. Je voulais passer mon message au plus grand nombre et développer mon compte Instagram et le nombre d'abonnés était un des meilleurs moyens de le faire.

C'est là que se trouve la clé : quand tu considères la balance des pour et des contre, qu'est-ce qui te parle le plus ?

Laisse-moi te donner un autre exemple où la décision a été pour moi à la fois difficile et nécessaire. Lorsque j'ai repris le travail après mon congé parental, j'ai réalisé à quel point mon couple ne me convenait plus. Quand je rentrais le soir, j'étais impatiente de retrouver mon bébé, mais intérieurement, je me sentais mal de retrouver mon conjoint. On n'avait plus de points communs…

Quand j'ai acheté mon premier appart, il me disait que ça ne servait à rien, que ça me faisait perdre mon temps et mon argent. Moi, je savais très bien pourquoi je le faisais, mais lui ne comprenait pas. D'ailleurs, il aurait pu très bien ne pas comprendre, mais me soutenir, mais ce n'était pas le cas, au contraire.

J'étais dans une énergie vers l'avant, je voulais me donner les moyens de passer plus de temps avec Gianni, je voulais avancer, aller chercher mes rêves. De son côté, après avoir enchaîné des petits jobs, il ne travaillait plus, nos revenus se réduisaient donc en grande partie à mon travail. Je rentrais le soir et je me disais : c'est quoi, cette vie ? J'avais l'impression que moi je n'arrêtais pas de travailler, et que lui dépensait ce que je gagnais.

Ce n'était plus possible, et je lui ai posé un ultimatum. Il avait un mois pour trouver un travail, sinon notre couple était fini. Mais pour lui, ce n'était même pas envisageable, il était persuadé qu'il ne décrocherait pas de travail. Alors je lui ai dit : « Tu prends tes affaires et tu t'en vas. » C'était terrible pour moi, car je quittais quelqu'un que j'aimais et avec qui j'avais eu un enfant. Mais comme je t'en parlais plus haut, j'ai mis dans la balance les deux situations, et j'ai regardé les conséquences et ce qui m'attendait. Je savais que, si je restais, je n'aurais pas la vie que je voulais, j'avais la sensation qu'il me tirait vers le bas. J'ai compris que, si je restais là-dedans, je ne pourrais pas m'épanouir, me sentir bien, moi-même. Donc j'ai dit stop pour m'offrir une autre vie. Mais ce n'était pas une décision prise à la légère – j'y réfléchissais tous les jours depuis plus d'un an ! – et ça a été une période très compliquée pour moi. D'ailleurs, après ma séparation, je suis restée célibataire pendant deux ans.

Fais-le avec passion ou ne le fais pas du tout !

Si tu veux t'investir pleinement dans ton projet, qu'il soit pro ou perso, il est sain de considérer tout ce qui pourrait en découler, en bien comme en moins bien. Le but n'est pas de te paralyser en imaginant des situations pires les unes que les autres, tu t'en doutes, mais plutôt d'être actif et préparé. Si ou quand des problèmes surgiront, tu pourras y faire face plus sereinement. Bien sûr, tu seras peut-être surpris par certaines difficultés que tu n'avais pas envisagées, mais prendre l'habitude de les envisager te donnera une réactivité et une flexibilité bienvenues quand tu y seras confronté. Tu te sentiras plus engagé et solide dans ton choix.

OSE FAIRE DIFFÉREM-MENT : LE PLUS DUR, C'EST LE PREMIER PAS !

8.

La chose que j'observe souvent et qui m'interpelle à chaque fois, c'est le nombre de « Je n'ai pas le choix » que l'on peut entendre. Pas le « je n'ai pas le choix » qui met en mouvement et qui signifie « il faut que je me sorte de cette situation qui ne me convient pas ! » Non, plutôt celui qui est dit sur un ton résigné et fataliste. Comment ça, tu n'as pas le choix ? Dans certains cas, il est vrai que l'on se sent totalement coincé, un peu comme dans une voie sans issue. Mais rappelle-toi : même lorsque tu penses que tu n'as pas le choix, tu as le choix.

C'est vrai qu'il n'est pas facile de se lancer. On n'a pas l'habitude d'oser, dans notre société. Mais lorsque tu as une énergie intérieure qui te pousse, que tu sais pourquoi tu veux telle ou telle chose, ça devient presque une évidence. D'où l'importance de connaître son « pourquoi » (p. 39) ! C'est parce que je voulais le meilleur pour mon fils que j'ai osé aller voir 13 banques différentes pour pouvoir avoir la maison que je voulais pour ma famille, que j'ai osé abandonner un CDI et devenir indépendante pour être présente pour mon fils dès sa naissance. Clairement, je suis allée à contre-courant de ce que valorise la société ! Et pourtant, moi, je me sentais alignée.

Et tu sais quoi ? Plus tu oses, plus tu fais à ta manière, et plus ça devient naturel de penser comme ça.

J'ai développé ma boutique en ligne de vêtements d'occasion pour enfants pendant deux ans, jusqu'à ce que j'atteigne les 3 000 € par mois et que je me rende compte qu'il n'y avait plus d'évolution possible parce que ça me prenait 100 % de mon temps. Je ne comptais pas mes heures et là, je ne pouvais pas faire plus, j'arrivais à la limite de mon entreprise. Mais je souhaitais continuer à évoluer. Du coup, je me suis demandé : comment faire pour toujours avoir cette vie de liberté que je souhaite avec mon fils, respecter son rythme, ne pas avoir besoin de nounou, mais quand même bien gagner ma vie et m'épanouir du côté professionnel ? C'est la période où Gianni allait entrer à l'école maternelle. Cela signifiait que j'allais avoir plus de temps en journée.

Je viens d'une famille de commerçants ; mon grand-père avait une boutique, Mariavah, dans le centre commercial de Metz (il y vendait des T-shirts, drapeaux, piercings, cartes postales, calendriers, bijoux à la mode, etc.), mes parents ont longtemps vendu ces articles-là, ils étaient grossistes en France et en Europe, et il y a toujours eu une ou deux personnes dans ma famille qui faisaient les marchés. Par exemple, quand mes parents se sont séparés, ma mère a fait des marchés en vendant des vêtements pour femme ; dans sa jeunesse, mon père aussi en a fait en vendant des disques, et je les aidais de temps en temps. C'est donc un univers que je connaissais assez bien, et j'ai décidé de m'y lancer à mon tour.

Je savais que ce n'était pas ce que je voulais faire de ma vie, mais c'était pour moi une manière de gagner de l'argent pour aller à l'étape suivante. Quelle était-elle ? Ce n'était pas clair pour moi, mais je me suis donné deux ans pour avancer et faire des économies (je mettais systématiquement de côté la moitié ce que je gagnais).

Tu peux te demander pourquoi les marchés, surtout si ce n'était pas quelque chose qui me faisait rêver. En fait, mon fils faisait de grosses siestes et dormait 16 heures par jour. Mon pédiatre m'avait expliqué que c'était normal et que c'était pendant le sommeil que les neurones travaillaient, que l'enfant fixait ce qu'il avait appris pendant ses heures d'éveil, et qu'idéalement, il valait mieux éviter de réveiller un enfant qui dort. S'il dort, c'est qu'il en a besoin ! Or, en petite section de maternelle, le début de l'après-midi est dédié à la sieste des enfants. Pour cette première année, l'école proposait aux parents qui le souhaitaient de garder leurs enfants chez eux l'après-midi. Pour moi, c'était une évidence : Gianni faisant de grosses siestes tous les jours entre 14 et 18 heures, il me paraissait absurde de le laisser à l'école où il serait réveillé tous les jours au milieu de sa sieste. Il fallait donc que je sois là l'après-midi. D'où les marchés qui avaient lieu tous les jours, de 7 à 13 heures.

Petite subtilité, je devais normalement récupérer mon fils à midi, avant la cantine. En effet, soit l'enfant restait l'après-midi et pouvait alors déjeuner à la cantine, soit il fallait le récupérer avant la pause méridienne, c'était la règle. Or, en faisant les marchés, ça m'était impossible : le temps de ranger mon stand et d'aller à l'école, ça me faisait remballer beaucoup trop tôt.

Tu me connais, le « c'est comme ça, tant pis », ce n'est pas pour moi ! J'ai osé aller parler de ma situation à l'école et leur demander une dérogation. Oui, je suis sortie du cadre fixé. Et tu sais quoi ? L'école m'a dit oui ! À titre exceptionnel au vu de ma situation particulière, Gianni a pu aller à la cantine tous les midis et je le récupérais après le déjeuner. Premier problème résolu.

Deuxième souci, l'école commençait bien plus tard que les marchés, même en mettant Gianni au périscolaire dès son ouverture le matin (le périscolaire ouvre environ une heure avant le début du temps scolaire, et des animateurs s'occupent des enfants). J'ai demandé à une dame du périscolaire si elle connaissait quelqu'un. Elle avait des filles dans la même école que mon fils et m'a proposé que je dépose Gianni chez elle tôt, et c'est elle qui l'emmenait avec ses enfants à l'école.

Tu vois, il y a toujours quelque chose que tu peux faire. Parfois, la solution n'apparaît pas du premier coup, ou tu reçois des « non », mais ne lâche rien.

La seule solution, c'est d'oser...

C'est ainsi que j'ai commencé les marchés à Metz. Autant te dire qu'avec le temps qu'il y faisait, ce n'était pas facile tous les jours ! Je travaillais sept jours sur sept. Tous les quinze jours, je faisais un aller-retour à Paris pour les achats (en général, ma sœur s'occupait de Gianni ces jours-là). Je me levais tous les jours très tôt, je n'avais pas de congés, mais je me concentrais sur le positif : tous les après-midi à partir de 14 heures, j'étais avec mon fils.

En discutant autour de moi, je me rends compte que je ne fais pas comme les autres, je fais les choses à ma manière. Ça ne veut pas dire mieux, mais simplement différemment. Et c'est ce qui m'a permis d'atteindre aujourd'hui ce que je voulais obtenir. Voici quelques-unes de mes convictions qui me font avancer et oser : rien n'arrive par hasard ; il faut transformer le négatif en positif ; tu peux tout obtenir, il suffit d'y mettre l'énergie nécessaire.

J'ai l'habitude de dire : « On n'apprend pas à conduire avec une voiture à l'arrêt. » Tu vois ce que je veux dire ? C'est à toi de te lancer. Que risques-tu si tu essaies cette autre voie ? T'es-tu déjà sérieusement posé la question ? Tu as peur qu'on te dise non ? Que ce soit un échec ? Et alors ? Je n'ai pas tout réussi du premier coup, loin de là, mais je n'ai rien lâché. Et puis, peut-être que c'est la réussite qui t'attend dans cette autre voie...

Pourquoi as-tu le sentiment que tu dois faire les choses comme tout le monde ?

Ne t'autocensure pas, ose être inventif, ose demander ce dont tu as besoin, ose créer ton propre chemin et faire les choses différemment...

MÉFIE-TOI DES **PLAISIRS IMMÉDIATS !**

9.

Je suis désolée de te dire ça. J'avoue que j'aurais également aimé que les choses soient différentes, mais c'est ainsi ! Crois-moi, ce sera beaucoup plus difficile pour toi d'atteindre tes objectifs si tu craques pour le moindre plaisir immédiat qui s'offre à toi : ce sac qui te fait de l'œil dans ce magasin de luxe que tu aimes tant, ce paquet de bonbon qui t'attend dans le placard de la cuisine, ce canapé qui t'appelle à chaque fois que tu passes devant pour te faire une petite série Netflix (qui passe vite de « petite » à « quatre heures de passées, déjà ?! »)... Enfin bref, on ne manque pas de possibilités de plaisirs immédiats, nous ne sommes même entourés que de ça. En revanche, si tu parviens à te contrôler et à ne pas craquer dès que l'occasion se présente, alors, à ce moment précis, il commence à se passer quelque chose de super intéressant.

Tu n'as pas craqué sur ces bonbons/gâteaux/chips depuis un petit moment et tu commences à voir que tu te sens mieux dans ton corps et que tu es moins fatigué. Tu as remplacé les séries Netflix par de la lecture et, depuis, tu te rends compte que tu as retrouvé de la concentration. Depuis que tu ne craques plus sur la moindre nouveauté en vitrine, ton compte en banque se remplit, tu commences peut-être même à penser à faire certains investissements. Et le plaisir arrive à ce moment-là. Je te parle du vrai plaisir, pas de la satisfaction éphémère qui s'en va vite et exige d'être remplacée rapidement par une autre pour ne pas que tu te retrouves en manque.

Quand tu arrives à faire la différence entre ce dont tu as besoin et ce dont tu as envie, c'est tout un monde de possibilités qui s'ouvre à toi.

Quand Gianni était petit, j'avais comme voiture une petite Polo. Tu vois la taille de ce modèle ? Autant te dire que c'était totalement impossible de faire les marchés avec, entre le matériel pour le stand et le stock de vêtements ! Les premières semaines, ma mère me prêtait sa voiture. Ça me dépannait bien, mais ce n'était pas l'idéal...

Mon rêve, à cette époque, c'était de pouvoir m'acheter une Audi A5. Je me disais que les gens qui avaient une si jolie voiture ne pouvaient qu'avoir une belle vie, et que si j'en avais une moi aussi, je ne pouvais pas ne pas être heureuse (ma vision a bien sûr évolué depuis, mais c'est ce que je pensais à ce moment-là). Tu commences à bien me connaître : quand j'ai un rêve, je me projette concrètement dedans pour voir comment je peux l'atteindre. J'avais donc calculé qu'en faisant un compromis sur l'année de fabrication et le nombre de kilomètres au compteur, pour 25 000 €, je pouvais obtenir ma voiture idéale. C'était une somme énorme pour moi. J'avais réussi à économiser à peu près 12 000 €. Voyant que je ne pouvais pas continuer à utiliser la voiture de ma mère pour les marchés car elle n'était pas faite pour, j'avais décidé de prendre 2 000 € sur mes économies pour m'acheter une camionnette et continuer à économiser pour finir par m'acheter cette fameuse Audi.

Sauf que, en commençant à chercher, je me suis vite rendu compte que 2 000 € pour une camionnette, ça ne suffirait pas.

Les véhicules que je trouvais pour ce prix-là étaient soit trop petits, soit en trop mauvais état. Quoi qu'il en soit, ils n'étaient clairement pas adaptés. Les modèles d'occasion qui convenaient à mes besoins tournaient autour de 10 000 €. J'ai fait face à un choix. La camionnette, elle, allait me permettre de gagner de l'argent plus rapidement. Le but était qu'elle soit assez grosse pour ranger tout mon stand et la marchandise, et pouvoir déballer tous les matins rapidement et efficacement. C'était vite vu... J'ai laissé mon rêve de voiture s'évanouir vis-à-vis des avantages de ce choix. J'ai donc choisi un Renault Trafic marron, négocié 8 900 €, je m'en souviens encore. C'était le bon choix à faire et je peux te dire qu'il m'a bien servi, mon Trafic. En plus, en acceptant d'abandonner ce rêve-ci, j'ai pu en réaliser un autre beaucoup plus fou des années plus tard, car avec les bénéfices de mes investissements, j'ai pu m'offrir une Porsche Cayenne. Finalement, ça valait le coup, non ?!

En différant ton plaisir, tu peux aller beaucoup plus loin que tu ne le penses. Je ne te dis pas de supprimer tous les plaisirs de ta vie et de te priver de tout, mais de réfléchir au lieu de te précipiter à la recherche d'une satisfaction immédiate. En te reliant à ton pourquoi, tu gardes le cap et tu peux faire des choix plus en conscience. Tu pèses tes décisions au lieu de te laisser aller aux tentations et, dans cet univers où on te tente à chaque instant, tu restes focus sur ton objectif.

N'ARRÊTE JAMAIS D'**ÉVOLUER**

10.

Tu ne peux pas te permettre de stagner ! Pourquoi ? Simplement parce que dans le monde d'aujourd'hui, tout bouge tellement vite que si toi tu restes à ta place sans évoluer, eh bien, en réalité, tu régresses !

Tu t'en es sûrement rendu compte quand tu es passé du collège au lycée. Si tu ne changes rien à ta méthode de travail, tu risques vite d'être à la traîne. Au contraire, il faut que tu t'adaptes à chaque nouvelle évolution pour être toujours au niveau. Et c'est valable tout au long de ta vie.

Imaginons que tu as fait de très longues études et qu'enfin, ça y est, tu as le job de tes rêves, avec un salaire qui correspond à ce que tu voulais gagner. En gros, tu es au top. Sauf que si dix ans après, tu es toujours au même poste avec le même salaire, tu seras à la traîne. Les autres autour de toi auront eu des promotions, probablement des augmentations de salaire. Si rien n'a bougé pour toi, avec l'inflation qui fait que tout augmente chaque année, c'est comme si toi, tu avais régressé.

Il ne faut pas se dire : j'ai fini mes études donc c'est bon, j'ai appris tout ce que j'avais à apprendre. Non ! Je pense que c'est plutôt l'inverse. À partir du moment où tu quittes tes études, tu commences réellement à apprendre des choses spécifiques – évidemment je ne parle pas des bases fondamentales comme apprendre à lire, écrire et compter – et qui vont te servir chaque jour.

> Si tu restes à la traîne, tu ne verras jamais ce qui t'attend.

Lorsque je faisais les marchés, je vendais des vêtements pour femme. J'essayais de me démarquer pour attirer les clients. Quand je montais à Paris tous les quinze jours pour refaire mon stock, je cherchais des modèles que les autres vendeurs n'avaient pas, plus qualitatifs. Ils me coûtaient plus cher que les modèles standards et je les vendais aussi plus chers que les prix habituellement pratiqués sur les marchés, mais j'avais réussi à avoir une belle clientèle qui appréciait ce que je faisais. Dès que je trouvais un produit qui cartonnait, si je le gardais pendant un mois en me disant : « J'ai mon produit phare donc c'est bon », en fait, au bout de deux ou trois semaines, il y avait déjà d'autres concurrents qui avaient remarqué que ce produit-là marchait sur mon stand, avaient acheté les mêmes et les vendaient parfois moins chers. À ce rythme-là, au bout de deux mois, je n'aurais plus eu une cliente.

Je me suis aperçue très rapidement qu'il fallait de la nouveauté pour ne pas me laisser rattraper et avoir une longueur d'avance. J'ai ainsi fidélisé ma clientèle qui venait voir régulièrement ce que j'avais à lui proposer. D'ailleurs, c'est comme ça que font les grandes chaînes de vêtements comme Zara, H&M, etc. Elles ne proposent plus une collection été et une collection hiver comme il y a quelques années. Désormais, ils renouvellent leurs collections au fur et à mesure, en sortant de nouveaux produits tout au long de l'année, sans jamais s'arrêter. Bref, tu ne peux pas stagner sur une même gamme de produits si ton concurrent se renouvelle régulièrement et que les clients sont au rendez-vous. Tout comme tu ne peux pas stagner dans la vie en espérant rester à flot alors que le monde continue d'évoluer.

En plus, dis-toi que la concurrence est une bonne chose ! Lorsqu'on est seul avec soi-même, on a plus tendance à se reposer sur ses acquis sans réellement se poser de questions. Alors que quand d'autres sociétés sont dans le même domaine d'activité, on a un moyen de comparaison qui nous permet de ne pas nous voiler la face sur la qualité de ce qu'on propose. Ça nous pousse à nous dépasser et à nous remettre en question !

Finalement, la vie, c'est comme un vélo : si tu arrêtes d'avancer, tu ne restes pas sur place, tu tombes ! Si tu n'as pas cette énergie de toujours aller chercher de nouvelles infos, de t'intéresser à ce qui se passe autour de toi, de te remettre en question, finalement, ce n'est pas que tu vas rester là où tu es actuellement, mais tu vas régresser par rapport au monde qui t'entoure.

DANS TOUS LES CAS, **TU GAGNES**

11.

Les marchés à Metz, c'était une galère. Chaque jour – je travaillais sept jours sur sept –, je déballais mes sept mètres de stand toute seule, avec mon Renault Trafic. J'étais là quel que soit le temps, qu'il pleuve ou qu'il fasse froid. Au fil des mois, je me suis rendu compte que ça marchait bien, et même mieux qu'une partie des commerçants qui déballaient dans les mêmes marchés. Tous les quinze jours, j'allais à Paris renouveler mon stock de vêtements. Puis, chaque midi, je me dépêchais de remballer mon stand pour aller chercher mon fils. Pour tout recommencer le lendemain.

Pendant deux ans, j'ai enchaîné ce quotidien intense. En fait, je ne m'en rendais pas compte car j'avais le nez dans le guidon. Malgré ce côté contraignant et automatisé, je kiffais ma vie. Je savais que je n'allais pas finir là-dedans ; ça ne me rendait pas heureuse. Par contre, je sentais qu'il se passait quelque chose de spécial dans le fait d'être à mon compte. J'adorais décider seule de ce que je voulais faire. Je disais à mes copines : « Si demain je ne veux pas aller travailler, je n'y vais pas. » Elles me répondaient toujours : « Oui, mais Allison, tous les jours, tu y vas ! » Bon, d'accord, mais moi, je savais que j'avais cette possibilité. Intérieurement, ça faisait toute la différence. Je me sentais libre et j'étais disponible pour mon fils.

Sur le fond, elles n'avaient pas tort. J'avais passé un contrat avec moi-même : tu iras toujours au marché, peu importe à quelle heure tu es rentrée la veille, peu importe que tu sois fatiguée ou que tu aies fait la fête, peu importe que tu te sentes un peu malade ; les deux seules exceptions, c'est un vent violent (au début, je l'ai fait, mais avec les vêtements qui s'envolent dans tous les sens et personne qui ne se risque dehors, ça ne vaut pas le coup) et une pluie battante (parce qu'il n'y a pas de clients non plus et que toute ta marchandise finit trempée).

Du coup, je ne m'ennuyais clairement pas avec ce rythme, mais j'ai quand même trouvé du temps pour moi. Les vendredis et les samedis soir, c'étaient mes soirées. Comme ma mère gardait Gianni pour que j'aille au marché le lendemain sans avoir à le réveiller, autant en profiter pour sortir et voir mes copines. Le week-end, je ne dormais pas beaucoup, mais il était hors de question de manquer le marché, car les personnes qui travaillent en semaine et qui ont des revenus plus élevés viennent ces jours-là. Résultat : c'est là que je faisais le plus de chiffre, donc impossible de passer à côté.

En te racontant tout ça, je me rends compte que même si j'étais hyper jeune – j'avais 26 ans –, tout était clair dans ma tête : la priorité, c'était mon fils et mon travail. J'avais mon objectif de gagner de l'argent. Le montant de mes revenus m'allait bien, mais je n'aimais pas ce que je faisais. Autour de moi, j'entendais : « Ah oui, tu dis que tu ne vas pas faire ça toute ta vie, moi aussi je disais ça au début, et ça fait vingt-cinq ans que je fais les marchés ! » Non, je ne voulais pas de ça. Ça m'a poussé à me poser la question : où as-tu envie d'être ? Qu'est-ce qui te fait vraiment kiffer ? S'il n'y avait pas de question d'argent, qu'est-ce que tu aurais envie de faire tous les jours ? La réponse était claire et nette : de l'immobilier. J'avais acheté deux biens. Aucun des deux n'était rentable, mais j'adorais m'en occuper. De mes proches aux banquiers, en passant par les agents immobiliers, tout le monde me disait qu'il était impossible de vivre de l'immobilier si on n'avait pas un héritage ou une aide financière de ses parents. Mais j'ai fait abstraction de tout ce qu'on me disait, j'étais convaincue que si, c'était possible.

J'ai réussi à commencer à vivre de l'immobilier quatre ans après mon premier achat parce que j'ai fait plein d'erreurs et que ça ne fonctionnait pas. Oui, ça peut sembler long. Mais je n'avais pas l'impression de subir ma vie sans rien faire, mon projet de vie avançait, ça faisait une grosse différence.

Il faut toujours avancer, ne jamais renoncer, mais accepter que tu n'atteindras pas tes objectifs ou tes rêves immédiatement.

Mon but, c'était que les biens s'autofinancent, que les loyers remboursent les crédits et les dépenses de fonctionnement, et qu'ils me rapportent aussi un revenu. Du coup, je ne gagnais pas d'argent, je ne pouvais pas en vivre, mais je me suis dit : je vais trouver la solution, je ne vais pas lâcher. Ma motivation profonde, ce n'était pas uniquement de gagner de l'argent – j'en gagnais au marché –, c'était de vivre de ma passion et de pouvoir être libre avec mon fils.

Et c'est précisément parce que j'ai fait toutes ces erreurs que j'ai pu m'ajuster et être efficace par la suite. Par exemple, au début, comme il s'agissait de locations courte durée, j'avais proposé un prix à la personne, un peu comme une chambre d'hôtel. Je me suis rendu compte que je me faisais tout le temps arnaquer : par exemple, les clients annonçaient venir à deux et je découvrais qu'ils étaient cinq. Après plusieurs mauvaises expériences, je suis donc passée au forfait : désormais, l'appartement était proposé à un prix donné, quel que soit le nombre d'occupants. Autre exemple, je me retrouvais avec des factures d'énergie démesurées, donc bien au-delà de ce qui était rentable pour la location, car certains clients mettaient le chauffage à fond et le laissaient tourner toute la journée. Après avoir perdu de l'argent avec ça, j'ai fini par bloquer le thermostat. Je ne vais pas continuer mes exemples car ce n'est pas l'objet de ce livre, mais tu vois la logique.

Oui, j'ai perdu de l'argent avec ces problèmes, et heureusement que j'avais des revenus avec les marchés, c'était mon filet de sécurité (on reviendra dessus dans la clé suivante, p. 71). Mais au lieu de m'éloigner de mon objectif, en réalité, je m'en rapprochais, car je comprenais de mieux en mieux comment fonctionnait le marché de l'immobilier, quelles étaient les règles du jeu et les pièges à éviter. Jusqu'à ce que je trouve l'alignement parfait qui a fait que ça a réussi.

Plus tu fais, plus tu sais faire. Concentre-toi sur le processus et pas uniquement sur les résultats.

Je n'aurais pas du tout pu l'anticiper à l'époque, mais les avantages sont même allés au-delà. Tous les problèmes que j'ai rencontrés en essayant de vivre de l'immo sont aujourd'hui au cœur de mes formations. Je préviens les personnes que j'ai testé et que, non, tel ou tel chemin n'est pas le bon pour atteindre son objectif ! C'est devenu un business : toutes mes « mauvaises » expériences et les pertes de l'époque ont été compensées par l'argent que je gagne aujourd'hui grâce à elles. Aujourd'hui, je ne regrette rien, même si j'ai avancé moins vite que j'espérais sur mon objectif principal. Alors, à ton avis, est-ce qu'on peut parler d'échec, finalement ?

Tout est question de point de vue et de persévérance.

Pareil pour ma période de marchés, dont je te parlais juste avant. Quand j'étais dedans, je me disais : ça ne va me servir à rien à part gagner un peu d'argent en attendant de savoir ce que je veux faire, mais ce n'est pas la folie. Sauf qu'aujourd'hui, le fait d'avoir cette histoire-là, d'avoir commencé en vendant des vêtements sur les marchés, ça fait qui je suis, et c'est aussi ce qui intéresse beaucoup de personnes qui me suivent sur les réseaux. Je suis partie de rien, et ma réussite vient de mon travail et de n'avoir jamais lâché, même dans les moments de doute. Si j'étais née dans une famille hyper riche ou que j'étais une héritière, personne ne connaîtrait mon nom !

Si tu veux monter un business, monte-le ! Il échoue, ça ne fonctionne pas et tu n'arrives pas à te dégager un revenu ? Tu en crées un autre. C'est encore un échec ? En général, à ce moment-là, la plupart des gens se disent : « Ce n'est pas pour moi, ça ne marche pas. Je ne suis pas fait pour ça, tant pis, je reste dans mon job/mon mode de vie actuel même si ça ne me plaît pas. » Sauf que moi, je suis convaincue que le fait d'avoir eu deux business qui n'ont pas fonctionné, ça t'a rapproché de ton objectif et/ou ça t'a appris des choses que tu pourras réutiliser à l'avenir, même si tu ne le vois pas encore. Donc, tu gagnes. Beaucoup pensent que les « échecs » t'éloignent de ton objectif, mais c'est l'inverse ! Quand tu es actif et que tu essaies de nouvelles choses, tu apprends, donc tu progresses.

SURMONTE TES **PEURS**

12.

Tu n'es pas le seul à avoir peur... Moi aussi j'ai eu peur quand j'ai quitté mon statut de salariée en CDI pour celui d'autoentrepreneur ; j'ai eu peur quand, à 24 ans, je me suis retrouvée seule avec mon fils de 1 an ; j'ai eu peur quand j'ai acheté mon premier immeuble ; j'ai eu très peur lorsque j'ai décidé de laisser ce qui ne me convenait plus sans connaître ce qui allait arriver... Mais si je n'avais pas surpassé toutes ces peurs, je ne serais jamais arrivée là où je dois vraiment être, où je me sens bien, entourée des bonnes personnes.

Ne laisse pas la peur guider tes choix car, en faisant cela, en choisissant la facilité, tu iras beaucoup moins loin que ce dont tu es capable ! Lorsque la peur dirige ta vie, tu es guidé par le : « Attention à ce qu'il pourrait se passer », « Et si je perdais tout... » ou encore le « Je ne suis pas capable de ça, moi ». Enlève ça de ta tête, tu es tout aussi capable qu'un autre. Ne laisse pas cette peur te dire que tu ne peux pas lancer cette boîte parce que tu pourrais prendre le risque de quitter ton job « pour rien », ne laisse pas cette peur te faire croire que tu ne pourras jamais avoir cette maison qui te fait rêver car tu n'en as pas les moyens.

Lorsqu'on a peur, on ne fait les choses qu'à moitié.

J'ai surtout l'impression que toutes ces peurs finissent par se rejoindre au même endroit : l'aversion à la perte et la crainte de se retrouver sans rien. C'est un grand frein dans ton avancée vers tes objectifs. En te concentrant sur ce que tu crains de perdre plutôt que sur ce que tu pourrais gagner, ton énergie est dilapidée plutôt que dédiée à ce qui compte vraiment. Est-ce que tu en as conscience ?

J'ai pu observer cette situation de près avec les participants à ma formation sur l'investissement immobilier. Pendant des semaines, voire des mois, ils se préparent, ils connaissent tout ce qu'il y a à savoir pour bien investir et pouvoir vivre de l'immobilier grâce à la location saisonnière. Ils obtiennent leur financement, puis achètent un appartement ou même un immeuble pour certains. Et là, en pleins travaux et alors que tout se passe pour le mieux, c'est le coup de flip. Je les entends tous me dire sensiblement la même chose : « Je pense que, finalement, je vais mettre le(s) bien(s) en location à l'année. Comme ça, au moins, je suis sûr de pouvoir rembourser mon crédit. » Euh, quoi ?!

Je te rappelle quand même que le principe de départ de tout ça, c'est de faire de la location saisonnière (ou location courte durée, LCD pour les intimes) pour pouvoir demander des loyers plus élevés, gagner beaucoup plus d'argent que ce que ça coûte, afin de finir par vivre à 100 % de l'immobilier. J'avoue que là, j'ai envie de leur mettre des claques ! Juste pour un coup de stress, tu remets en question ton objectif et le travail que tu fournis depuis des mois ? Mais si tu en es déjà là dans ton projet, ce n'est pas par hasard ! Mettre tes appartements en location à l'année sans même essayer la LCD, ça peut potentiellement te faire passer à côté d'une rentabilité de fou.

Comment tu peux savoir si tu n'essayes pas ?

Si on entre dans cette logique-là, que dès qu'on a un doute, on se sécurise au maximum pour ne jamais avoir à se retrouver en difficulté, eh bien, on ne se saura jamais tout ce qui aurait pu se passer de génial. Bien sûr, tout le monde est différent, certaines personnes vont se lancer plus aisément que d'autres, mais dans la situation que je te décris, on ne parle pas de prendre la décision d'investir. On parle de changer d'avis en cours de route alors que tu as déjà fait 90 % du chemin ! Ce n'est plus toi qui prends ta décision en toute connaissance de cause, tu as laissé les rênes à la peur.

Sors vite du cercle vicieux que la peur engendre, sinon tu risques de te faire enfermer dedans. Si tu la laisses diriger ta vie, elle risque de te paralyser pour de bon.

Alors, comment faire ? Avec le recul, je me rends compte qu'à chaque gros changement, j'avais toujours prévu un filet de sécurité. Par exemple, lorsque j'ai décidé d'arrêter de vendre les vêtements d'occasion pour enfants en ligne pour faire les marchés, j'ai dû vendre mon site Internet et mon stock, et j'ai ressenti un vertige au moment de m'en séparer. Je me disais : « OK, tu as 10 000 € (ça représentait un gros montant pour moi à l'époque), ça te permet de te relancer, d'acheter ton stand et du stock de vêtements adultes. Par contre, tu n'as plus rien dans ton garage, donc si demain tu dois vite remettre des produits en vente parce que les marchés, ça ne fonctionne pas, tu n'as plus rien à vendre. » Alors qu'on parle de vêtements que j'achetais en brocante à 1 € ! Mais je me vois encore dire à ma mère : « Mais là, je n'ai plus de filet de sécurité ! » Et elle, me répondre : « De quoi tu me parles ? Tu as vendu ton site 10 000 €, tu repars sur autre chose, tu n'en as pas besoin. » Mais je me suis rendu compte que, si, psychologiquement, j'en avais besoin.

En fait, juste
le fait de savoir
qu'une porte
de sortie existe
en cas de souci
permet de
rassurer ton
cerveau et de te
consacrer à fond
à tes projets.

Du coup, quand je faisais les marchés, je mettais de côté la moitié de ce que je gagnais. Lorsque j'ai commencé à vivre de l'immobilier et que j'ai pris la décision d'arrêter les marchés, j'ai gardé mon camion et mon stock dans mon garage pendant presque deux ans. Je me disais : « S'il y a quoi que ce soit demain, tu remets tout dans ton Trafic et tu retournes faire les marchés. » J'ai attendu que mes revenus provenant de l'immobilier soient suffisants et surtout stables pour m'en séparer.

Puis, mes biens en eux-mêmes sont devenus des filets de sécurité. D'ailleurs, je conseille à tout le monde d'investir dans l'immobilier, car si tu as un problème, tu peux toujours revendre ton appartement. J'ai vécu de la location saisonnière exclusivement pendant plusieurs années. Je revendais un bien de temps en temps quand j'estimais qu'il ne me rapportait pas assez. Le but n'était pas d'accumuler énormément de logements, mais de n'en avoir que des très rentables.

Tu peux aussi te rassurer à court terme. En cas de galère, tu as plus de ressources financières que tu ne l'imagines. Par exemple, on ne se rend pas compte à quel point on a accumulé : vêtements, jeux, matériel de cuisine, etc. En mettant en vente tout ce que tu n'utilises plus, tu gagnes sur tous les plans : tu récupères de l'argent et tu désencombres ta maison – avoir un espace de vie plus aéré, ça fait vraiment du bien (oui, je suis adepte du feng shui, voir p. 224). Et pas besoin d'avoir des produits de grande valeur ou de marque pour que ça se vende !

Grâce à Internet, tu as aussi beaucoup de possibilités pour augmenter tes revenus. Regarde, moi j'ai vendu des vêtements d'enfants d'occasion de chez moi, tout en m'occupant de mon bébé. Si tu fais de l'artisanat, tu peux mettre tes créations en vente sur des sites comme Etsy. Il existe aussi des plateformes (5euros.com, needhelp.com, etc.) qui mettent en relation des free-lances avec des particuliers, ou des personnes qui échangent des services (jardinage, bricolage, etc.). Tout dépend de ce que tu veux, de ton mode de vie, d'où tu habites, etc.

Si tu ressentais de la peur au début de cette clé, comment te sens-tu maintenant ? Tu vois, quand tu deviens actif, que tu passes en mode « résolution de problème », la peur diminue. Au lieu d'imaginer le pire, tu ouvres ton champ des possibles.

Tes peurs sont le fruit de ton imagination. La peur est nécessaire pour avancer : c'est au moment où tu as peur que tu sais que tu t'apprêtes à faire d'énormes changements. Si tu refuses la peur, cela signifie que tu refuses le fait d'oser. Tu resteras à la même place car c'est un signe de confort.

Alors, ce n'est quand même pas la peur qui va nous faire peur ?!

DÉVELOPPE TON INTELLI-GENCE FINANCIÈRE

13.

Apprendre le fonctionnement de l'argent devrait faire partie de ce que l'on apprend dès le plus jeune âge. C'est cela qui nous permet ensuite de réellement pouvoir nous concentrer sur l'essentiel.

Si tu te formes financièrement, tu peux totalement transformer ta vie. Et je te promets que je n'abuse pas quand je dis ça. L'intelligence financière, c'est comprendre que toutes les dépenses ne se valent pas : tu peux dépenser de l'argent et que ça te rende de plus en plus pauvre, et tu peux dépenser de l'argent et gagner de l'argent.

Le plus important, c'est d'apprendre à différencier les actifs et les passifs. En gros, les actifs, c'est ce qui va te rapporter de l'argent : quand tu mets 1 €, ça te rapporte plus, et plus que l'inflation (j'y reviendrai). Les exemples les plus classiques, ce sont l'immobilier, les montres de collection, ce genre de choses. Le passif, c'est au contraire de l'argent qui sort et qui ne revient pas : quand tu achètes une place de cinéma, une voiture, un téléphone, des vêtements, etc. Tu en ressors plus pauvre.

Après, il y a quand même quelques nuances à apporter. Par exemple, quand j'ai acheté mon Renault Trafic pour faire les marchés, il m'a permis de gagner plus d'argent. Avant, j'y allais avec une voiture. Avec la camionnette, j'avais plus de place donc je pouvais amener plus de stock et vendre plus. Idem avec ton téléphone si c'est ton outil de travail, ou des formations qui te permettent de développer ton activité. Dans ces cas-là, on est plutôt sur des actifs, car ils te permettent d'augmenter tes revenus ensuite.

Quand tu dépenses, cherche des choses qui prennent de la valeur au fil du temps.

La première fois que je me suis mise à mon compte, je vendais des vêtements pour enfants d'occasion sur Internet. Je les achetais en brocante – oui avec le réveil le dimanche à 5 heures du matin, et tout ça... C'est là que les vêtements s'achetaient le moins cher et je les revendais sur les sites de seconde main les plus cotés du moment, ce qui me permettait de gagner de l'argent.

Je ne te dis pas qu'il faut réfléchir de cette manière toute une vie, pas du tout, mais au moins les premières années où tu commences à gagner de l'argent. Au début, il faut se concentrer à fond sur les actifs. Les quelques investissements que j'ai faits au début de ma carrière m'ont permis de me sentir libre et apaisée pour tout le reste de ma vie. Mon premier immeuble de trois appartements que j'ai acheté il y a dix ans au prix de 370 000 € vaut aujourd'hui plus de 800 000 €, fais le calcul ! Alors, oui, il y a les impôts qui passent par là, mais comme je dis toujours, je préfère payer 50 % de 1 000 000 € que 20 % de 50 000 € (les taux ne sont pas exacts, mais tu vois l'idée).

Prenons un autre exemple d'intelligence financière. Dans la plupart des ménages en France, l'homme gagne plus d'argent que la femme, et paye généralement plus de choses dans le couple. Habituellement, il prend en charge la majorité des remboursements de la maison, achète la voiture, le gros matériel. En contrepartie, la femme va payer les courses, les vêtements des enfants, toutes les petites choses du quotidien. Après quelques années passées ainsi, on s'aperçoit que ce schéma n'est pas du tout logique. L'homme a remboursé une partie de la maison, qui prend de la valeur au fil des ans et qui vaut aujourd'hui beaucoup plus que le montant payé initialement. La femme, quant à elle, ne bénéficie d'aucun investissement car son argent a totalement été dilapidé dans des dépenses passives : les courses ont été utilisées, les vêtements usés, etc. C'est de cette manière que l'écart se creuse de plus en plus : la personne du couple qui avait le plus d'argent au départ devient de plus en plus riche, et la personne qui avait le moins de revenus reste pauvre.

Je parlais aussi d'inflation. La plupart des gens ne le savent pas, mais quand tu mets tes économies sur un livret A, par exemple, tu perds de l'argent. Ça t'étonne ? Ça vient du fait que l'inflation est plus élevée que le taux d'intérêt. C'est simple à comprendre : un euro aujourd'hui n'a pas la même valeur qu'un euro d'il y a quinze ans (il suffit de voir l'évolution du prix de la baguette, par exemple, pour s'en rendre compte). Donc le prix des choses augmente plus vite que les intérêts de ton épargne. C'est pour ça que l'investissement immobilier est si intéressant. Et quand je parle d'immobilier, ça peut aussi être une place de parking !

L'argent ne te rendra pas heureux, mais il te rendra libre. Moi je voulais tout ! Les vacances au soleil, à la bonne saison, le coach sportif, la voiture, la maison de la bonne taille dans la bonne ville, la meilleure école pour mes enfants, les vacances d'hiver à la neige et les cours de ski qui vont avec. Tout, sans devoir faire un choix. Alors je me suis donné les moyens de gagner assez d'argent pour que cela puisse se réaliser. C'est exactement à ça que sert l'intelligence financière.

FAIS-TOI CONFIANCE ET **ÉCOUTE TON INSTINCT**

14.

Je suis sûre que tu as déjà ressenti cette intuition, quand tu sais exactement au fond de toi si une voie est la bonne, si c'est le bon métier, la bonne personne ou le contraire. Tu vois de quoi je parle, n'est-ce pas ? Mais la plupart du temps, on fait taire cette petite voix et on suit le chemin tracé parce qu'il est plus facile ou confortable. Par exemple, on fait les études que nos parents ont choisies et on va au bout parce qu'on sait qu'on va bien gagner sa vie. Ou on reste en couple parce que « ça va quand même », « on ne peut pas dire que ça se passe mal »... Alors que, au fond de nous, on sent qu'il y a un truc qui ne va pas, que ce n'est pas le job qui nous fait rêver, que ce n'est pas la personne de notre vie, mais on fait comme si de rien n'était car on ne veut pas mettre un coup de pied dans la fourmilière et bousculer notre vie bien rangée.

À chaque fois que j'ai ressenti ça et que j'ai fait taire mon instinct, à chaque fois, la vie m'a remise sur le droit chemin avec cette petite voix intérieure qui me le rappelle : « Je te l'avais bien dit ! »

Quand j'ai commencé mes locations saisonnières, je les gérais entièrement seule. C'était donc sur moi que les clients tombaient lorsqu'ils appelaient pour faire une réservation. Lors de cette conversation, je sentais si certaines personnes n'étaient pas dignes de confiance, si j'allais potentiellement avoir des problèmes. Ça pouvait être quelque chose d'infime, une manière de parler, un comportement (tu vois, la personne qui appelle très tard le soir sans s'excuser, comme si c'était normal ?). Mais je ne m'écoutais pas et me disais : « Un client est un client, je ne peux pas le refuser juste sur une impression. » En me lisant, je pense que tu t'en doutes : eh bien oui, systématiquement, lorsque j'avais senti quelque chose de bizarre, j'avais un souci derrière – le locataire arrivait avec 1 h 30 de retard sur l'horaire convenu sans prévenir ni s'excuser, je récupérais l'appartement abîmé, etc. Il y avait toujours quelque chose. Au final, en refusant d'écouter mon instinct, je perdais du temps.

D'ailleurs, ça m'est encore arrivé récemment : j'ai remis un de mes appartements en location. J'ai eu 17 appels pour des visites et j'ai prévu des créneaux pour tous ceux qui me l'ont demandé. Maintenant, je note mes impressions en même temps que les coordonnées des potentiels locataires. Eh bien, lors des visites, tout ce que j'avais perçu s'est confirmé. Ceux qui ne me paraissaient pas fiables ou pas assez intéressés ne sont pas venus (et n'ont pas prévenu). Pour d'autres, je sentais bien que l'appartement, atypique par certains aspects, ne correspondait pas à leurs besoins ; ils ont insisté pour visiter et j'ai dit oui, mais confrontés à la réalité du lieu, ils se sont rendu compte que j'avais raison. Et pour ceux qui m'avaient fait bonne impression, cela s'est confirmé au moment de la rencontre. Tu vois, j'ai appris à m'écouter, mais j'ai encore du chemin à faire car j'ai perdu du temps sur les créneaux non honorés. Peut-être que, plutôt que de fixer des rendez-vous à des horaires précis, je vais donner un créneau de deux heures pendant lequel les personnes intéressées viendront : les plus motivés seront là les premiers, et ça m'évitera d'attendre pour rien…

Et cette sensation, elle est valable quel que soit le domaine de ta vie. Je l'ai aussi vécue dans ma vie personnelle. Durant la période où Gianni était à l'école maternelle et où je faisais les marchés, j'étais célibataire depuis deux ans. Au début, c'était un choix. J'ai mis très longtemps à ne plus être amoureuse du père de mon fils. J'avais quitté quelqu'un que j'aimais, et j'ai mis plus d'un an et demi à surmonter cette peine. Même si j'étais jeune, j'avais 24 ans, j'avais la tête sur les épaules, un bébé d'1 an et demi, une activité professionnelle prenante, je ne pouvais pas me mettre en couple avec n'importe qui. J'ai accepté un ou deux rendez-vous avec des hommes de mon âge et je voyais bien qu'on avait des intérêts et des modes de vie à des années-lumière. Je cherchais quelqu'un de responsable, une relation saine. Je n'avais aucune envie de me retrouver avec un jeune fêtard insouciant : j'avais un enfant, je ne voulais pas en avoir deux !

Tout change le jour où mon notaire vient de me faire signer mon deuxième appartement. C'est là que je rencontre par hasard l'ami d'une connaissance. Tout de suite on s'entend bien, je sens que ça matche. Il est curieux, il s'intéresse à beaucoup de choses, il est à l'écoute, ça me plaît. C'est un entrepreneur, un chef d'entreprise. On discute pendant des heures sur plein de sujets différents, je suis à l'aise avec lui. On se met rapidement en couple, c'est une telle évidence.

Je suis quelqu'un d'hyper posé, pourtant, au bout de neuf mois avec lui, je mets ma maison en vente, lui son appartement, et on achète une maison ensemble. Je dis à mes amies : si j'avais dû attendre dix ans pour le rencontrer, j'aurais attendu dix ans. J'ai l'impression que j'ai rencontré l'homme de ma vie, on semble se correspondre en tout point. J'ai une vie de princesse : il est attentionné, m'offre de belles choses qui me correspondent parfaitement, lorsque je m'endors sur le canapé, il me porte jusque dans la chambre, s'il commande pour moi au restaurant, c'est exactement ce que je veux (ou du moins, j'en avais l'impression à l'époque). On est inséparables : lorsqu'on sort avec des amis, on ne peut s'empêcher de parler ensemble. Il me fait découvrir plein de choses et – c'est le positif qui me restera de cette relation – voir l'entrepreneuriat d'une nouvelle façon.

Pendant plusieurs mois, tout me semble idéal jusqu'à ce qu'on se retrouve ensemble un jour sur son lieu de travail. Il y a une célébration, je ne sais plus à quelle occasion. Je le vois prendre la main d'une de ses employées pour la faire virevolter. Et là, je ressens un pincement. J'étais persuadée que c'était notre mouvement, que ce pas de danse n'appartenait qu'à nous. Voir mon conjoint le faire comme si de rien avec cette femme (je précise qu'il n'y avait pas de jeu de séduction entre eux, il n'y avait aucune ambiguïté là-dessus), ça me fait quelque chose. C'est une sensation instinctive : je trouve ça bizarre. Sur le coup, je ne cherche pas plus que ça. Tout au quotidien me prouve qu'il est fou de moi, nos proches pensent la même chose. Pour te dire, j'étais sûre qu'il allait me demander en mariage et j'aurais été heureuse d'accepter. Mais au fil des mois, j'ai l'impression tenace qu'il se passe quelque chose, je perçois un truc pas sain. Je cherche mais je n'arrive pas à l'identifier ou à l'expliquer. Je me dis que je me fais des idées.

Au bout d'un an et demi, je tombe enceinte sans que ce soit prévu. Et dans ma tête, je pense : merde. Mon conjoint est heureux, il l'annonce à tout le monde tout de suite. Sur le principe, ça devrait être une bonne chose : on vit comme un couple idéal dans une maison qu'on a achetée ensemble, c'est l'homme de ma vie, je sais qu'on va finir par avoir des enfants ensemble, et que j'en serai contente. Alors pourquoi ce n'est pas une bonne nouvelle pour moi, là ? Je ne comprends pas ce que je ressens et je me dis : mais comment tu peux penser ça ?

La grossesse devient vite éprouvante. Clairement, c'est la période la plus dure physiquement de toute ma vie. Je n'ai jamais été aussi mal. Autant avec Gianni, j'avais été un peu malade les trois premiers mois, autant là, on est dans une autre dimension. Je suis épuisée tout le temps, je fais des malaises, j'ai besoin d'aide pour me lever, je ne suis même plus en état d'emmener mon fils à l'école, dès qu'il y a une odeur de nourriture, c'est insupportable.

Quand on va voir le gynécologue, il nous annonce que je fais une fausse couche. Mon conjoint est dévasté, il pleure beaucoup. Pour moi, c'est presque un soulagement : je suis tellement mal, je n'en peux plus, il faut que ça s'arrête. Au vu de ma situation, je suis hospitalisée pour avoir une intervention sous anesthésie générale.

Dès l'instant où je suis réveillée, je me sens bien à nouveau, alors qu'on m'avait prévenue que je risquais de ne pas me sentir bien quelques jours encore. Tout ça est improbable. Quelques heures plus tard, j'attends dans ma chambre et je sens une odeur de poisson car les repas sont en train d'être servis. L'infirmière entre dans ma chambre, elle me voit en pleurs et s'inquiète : « Qu'est-ce qui ne va pas ? » Je lui réponds : « Je sens l'odeur de poisson et j'ai envie de manger ! Ça ne m'est pas arrivé depuis deux mois... » Ce sont des larmes de soulagement. Le gynécologue me dit même : « Je ne sais pas ce que vous m'avez fait, j'ai quarante ans d'expérience et je n'ai jamais vu ça... Mais j'ai vérifié, tout va bien. Si vous souhaitez avoir un autre bébé, vous ne devriez pas avoir de souci pour retomber enceinte dans les prochaines semaines. » Je ne sais pas l'expliquer sur le moment mais quelque chose en moi dit : « Non. Ce que tu vis n'est pas aussi beau que tu le crois... » Je pense qu'il ne se passe jamais rien par hasard et avec le recul, je remercie l'univers, mon corps, ou peu importe ce qui m'a fait faire cette fausse couche, car c'est la meilleure chose qui pouvait se passer pour moi à ce moment-là de ma vie.

Toutes ces intuitions que je ne comprenais pas vont se confirmer au moment de nos deux ans. J'ai passé une soirée avec mes copines, lui avec ses potes, et je rentre la première. Je vais pour me coucher et je vois qu'il a laissé sa montre connectée sur la table de nuit. Le matin, il m'a demandé si j'en voulais une pour Noël. C'était encore une nouveauté à l'époque et je lui ai répondu que je n'en savais rien parce que je ne connaissais pas, que j'y réfléchirais. Je me dis : tiens, je vais l'utiliser deux ou trois jours, comme ça, je pourrai lui dire si ça me plaît. Quand je la prends, je vois qu'il y a plein de messages. Forcément, je commence à regarder. La montre est déconnectée de son téléphone, donc le nom des correspondants n'apparaît pas. Je m'amuse à reconnaître les expéditeurs, tiens, ça, je suis sûre que c'est tel pote, tel autre… Je ne le fais pas très longtemps car il y a beaucoup de messages. Après tout, je n'ai pas envie de tout lire. Pour finir, je donne un grand coup vers le bas et je prends un message au hasard. Je le lis et me rends compte que quelque chose cloche. Une alarme se déclenche dans ma tête et je commence à remonter le fil des messages. Le contenu de cette discussion est clair, je comprends que mon conjoint a commencé une relation avec cette femme. Je suis choquée. Je pensais que tout allait bien entre nous. À ce moment-là, on m'aurait dit que mon fils n'était pas mon fils, je n'aurais pas pu être plus abasourdie. Je me rends compte que mon conjoint n'est pas du tout la personne que je pense qu'il est. C'est comme si un voile s'était déchiré, c'est brutal.

Quand il rentre, il voit que je ne suis pas dans mon état normal. Je lui dis : « Tu vois que je suis au courant de quelque chose, alors dis-moi la vérité. » Il est dans l'encadrement de la porte de la chambre, et il raconte une histoire à dormir debout. Quand il voit que je ne le crois pas et qu'il n'y a pas de discussion possible, il sort de la pièce pour aller dormir dans la chambre d'amis. J'appelle ma maman pour tout lui expliquer et elle me dit : « Tu as le choix. Soit tu pars, soit tu restes, tout en sachant qu'il peut continuer à te mentir et tu peux continuer à le croire... Il n'y a que toi qui peux décider. »

Le matin, il essaie de discuter, mais il comprend que ce n'est pas OK pour moi. Je me sens détachée, on ne se dispute même pas, mais je vois bien qu'il est en panique car il a compris que j'avais découvert la vérité. Je ne sais pas encore quelle décision je vais prendre. J'ai prévu de partir en vacances avec mes copines à Barcelone deux jours après. Je me dis que c'est sans doute plus simple de rester, et que je verrai après le voyage, à tête reposée.

Au moment où il part et que la porte de la maison claque, alors qu'une seconde avant je ne sais pas ce que je vais faire, d'un coup, c'est une évidence. Je dois fuir. Je mets Gianni devant la télévision – ce que je ne fais jamais. Ça l'occupe, il est tout content et hypnotisé par l'écran, ce qui me permet de passer à l'action. Je me mets à faire des allers-retours entre la maison et mon Trafic que j'avais gardé. Il est encore aménagé comme à l'époque des marchés et je le remplis de tout ce qui est important, nos vêtements, les jeux de Gianni, mon ordinateur, les documents importants, en me disant : si tu ne reviens plus jamais, au pire, ce qui reste n'est que du matériel. Oui, il y a des meubles qui sont à moi et auxquels je tiens vraiment, mais je ne peux pas les prendre. Tant pis, ce n'est pas grave.

Je mets mon fils dans ma camionnette et on va chez ma mère. Comme elle devait le garder deux jours plus tard durant ma semaine de vacances, je demande à mon fils : « Tu te rappelles que tu devais aller chez Mamoune pour qu'elle te garde ? » Il acquiesce. Je lui dit : « Qu'est-ce que tu dirais, si on y allait maintenant et que je venais avec toi ? » Il est super content de cette idée, ça lui permet de ne pas trop se poser de questions sur la situation. Durant la route, il voit une larme couler sur ma joue et il me dit : « Pourquoi tu pleures, maman ? C'est parce que je t'ai dit tout à l'heure que je t'aimais et ça te fait plaisir ? » Je lui réponds : « Oui, c'est pour ça Gianni. » Je veux le protéger au maximum, je suis contente qu'il ne se rende pas compte que je suis dévastée. J'ai réussi à garder tout cela à l'intérieur de moi.

Pendant trois jours, je suis sidérée, j'ai l'impression d'être un robot. Mentalement, c'est le pire moment de ma vie, celui où je suis le plus triste et le plus choquée. Je ne mange pas, je ne dors pas, je ne pleure pas, rien. Je comprends plus tard, en lisant, que j'ai vécu une dissociation. Quand on fait face à quelque chose de trop dur, l'esprit et le corps se séparent, les émotions sont comme coupées. C'est très dur, j'ai l'impression de ne plus avoir de sentiments, d'avancer en pilote automatique.

Tu pourrais me dire : ce n'est pas grave, tu retrouveras quelqu'un. Mais c'est plus compliqué que ça. Je n'ai pas eu de mal à me dire : laisse tomber, ce n'est pas pour toi cette vie, parce que l'image que j'avais de mon conjoint s'est complètement effondrée. J'avais l'impression d'avoir été amoureuse du vent, que tout ce que je pensais n'existait pas. Mais cela n'enlève pas la tristesse, la désillusion, le choc.

Malgré le fait que j'ai déjà beaucoup d'appartements à ce moment-là, je reste chez ma mère pendant un an parce que je suis mal. Pendant cette relation, j'ai continué à acheter des biens immobiliers : régulièrement, il me faisait des petites remarques, critiquait la manière dont je gérais les choses, me disait que je ne savais pas faire, et ceci, et cela. Il me répétait que je n'étais pas capable de faire les choses moi-même. À la fin, j'ai fini par le croire, au point où quand je suis sortie de cette relation, j'avais l'impression que je n'étais pas capable de démarcher les banques seule pour acheter de l'immobilier, alors que je commençais à avoir accumulé une certaine expérience.

Quand j'apprends à mes copines que je suis séparée de mon conjoint et qu'il me trompe, elles s'exclament toutes : mais c'est impossible, il est dingue de toi ! En fait si, c'est possible.

Je suis revenue quelques semaines plus tard avec des déménageurs et mon frère pour chercher mes affaires qui étaient restées dans notre maison. Sa nouvelle compagne est là, celle des messages. Je n'ai pas de ressentiment, je lui dis avec beaucoup de calme : « Je te rassure, je ne veux pas le récupérer, je vais juste prendre mes affaires. Je veux simplement qu'on me laisse tranquille. » Je me suis rendu compte qu'elle avait déjà installé ses affaires dans les placards et qu'il lui avait offert exactement les mêmes affaires qu'à moi. Je me souviens encore la voir sur le pas de la porte de ma maison, avec mes chaussons aux pieds et lui dire en partant : « Ne t'inquiète pas, je te laisse ma vie avec plaisir. »

Peu à peu, j'ai levé le voile sur qui était vraiment mon ex-conjoint et j'ai commencé à voir les choses autrement. S'il m'offrait des cadeaux incroyables et semblait devancer mes désirs, je me suis rendu compte aussi qu'il me disait ce que je voulais entendre. Pendant que j'indiquais aux déménageurs ce qui m'appartenait, sa nouvelle compagne m'avait demandé s'il était fan d'un genre très particulier de musique. Ce n'était pas le cas, mais c'était une des passions de cette jeune femme et il lui avait fait croire que c'était la sienne aussi. Cette anecdote m'a fait réaliser que je ne savais pas vraiment qui il était ou ce qu'il aimait.

Tout ça pour dire qu'au début, tu auras peut-être du mal à comprendre tes intuitions, mais avec les années et l'expérience, tu verras que tu peux t'appuyer dessus avec de plus en plus de confiance et de certitude. Même si c'est infime, même si ça te paraît absurde, si tu as un doute, un flash, il faut le prendre en compte, car ce n'est pas anodin et, à un moment dans ta vie, l'univers te fera revenir dans le droit chemin. C'est juste que, dans l'intervalle, tu auras perdu du temps. J'ai appris à reconnaître les signes, à les écouter : personne ne sait mieux que notre instinct ce qui est bon pour nous.

Si tu as une idée que tu penses sincèrement être bonne, ne laisse pas un idiot t'en dissuader !

ARRÊTE DE **SUBIR**

15.

Je sais que, parfois, on peut se sentir perdu. Tu aimerais bien monter cette boîte de marketing, te mettre à ton compte en tant qu'agent immobilier ou encore t'inscrire à un semi-marathon, mais tonton Jacques t'a dit que tu rêvais, que tu n'en étais pas capable selon lui, qu'il y avait trop de concurrence, que c'était trop risqué, etc.

Et d'abord, la concurrence, c'est une bonne chose ! Contrairement à ce que pensent tonton Jacques et beaucoup de monde, elle permet de te surpasser. Peu importe que d'autres soient implantés dans ton secteur d'activité. J'ai même envie de te dire : tant mieux, ils débroussaillent le chemin avant ton passage et t'éclairent la route pour que tu saches par où passer ou non. Sans concurrence, tu ne saurais pas à quel point tu es capable d'aller loin. Ensuite, bien entendu, il te faut de l'entraînement, ainsi qu'une stratégie pour y arriver. Tu feras certainement aussi des erreurs, mais toutes les croyances limitantes qui te répètent que tes objectifs sont irréalisables s'envolent, car quelqu'un t'a prouvé que c'était faisable. Et ça, crois-moi, c'est énorme ! Et je ne te parle pas de la partie challenge qui fait que ton objectif augmente au fur et à mesure de la réussite de tes concurrents.

OK, tu ne sais pas par quel bout commencer. OK, tu as peur. OK, l'avis de tonton Jacques te met le moral dans les chaussettes…

Non mais, stop ! Ce n'est pas OK du tout ! On s'en moque de son opinion ! *L'avis* des autres, c'est la *vie* des autres[2].

Je me suis déjà retrouvée dans cette situation où tu te sens nul et vide. Où tu te dis que tout est comme ça dans ta vie, tes choix, toi… Je pense que tout le monde passe par cet état au moins une fois dans sa vie. Ce que je peux retenir de cette période, c'est que :

1) Tu peux vite partir en déprime, alors n'y reste pas trop longtemps (pour en sortir, va voir le point suivant). C'est normal d'avoir besoin d'un temps de repos, mais plus vite tu te remets en mouvement, plus vite tu guéris. Comme le disait Churchill, « si tu traverses l'enfer, continue d'avancer ». Qui voudrait volontairement rester en enfer ?

2) Tu ne sais pas quel choix faire ? Parfait, laisse le destin choisir. Choisis un chemin, joue-le à plouf plouf ou à pile ou face, comme tu veux, mais avance. Je reste persuadée que la vie te remettra sur la bonne voie si nécessaire. Mais pour que la vie mette plein de bonnes choses sur ton chemin, il faut que tu y sois, sur le chemin ! Que tu bouges, que tu actives ton énergie, que tu rencontres des gens, que tu échanges, que tu oses…

C'est le mouvement dans ta vie qui permettra à l'univers de te mettre les meilleures opportunités à portée de main. Chaque action devient le déclencheur de quelque chose.

Quand je vais aux toilettes, je me lave les mains. Si je me lave les mains, je m'essuie les mains. Quand je m'essuie les mains, je pense à laver les serviettes. Quand je lave la serviette, je note qu'il faut racheter de la lessive… Alors que si je reste dans mon lit à

2. On en reparlera dans les clés « Ne t'arrête pas à l'avis des autres », p. 105, et « Les problèmes des autres ne sont pas les tiens », p. 140.

regarder une série, qui amène à une autre, qui amène à une autre, finalement, je ne sors jamais de mon lit.

Le plus dur, c'est de se mettre en mouvement, mais une fois qu'on est lancé, c'est parti ! C'est comme avec le vélo, les premiers tours de pédale demandent que tu y mettes de l'énergie, mais après, tu oublies même que tu pédales, tu n'as plus besoin d'y réfléchir.

De toute manière, rien ne se fait en un claquement de doigts. Tu vas passer par plusieurs étapes et pour ça, il faut bien démarrer quelque part. Tu veux courir ? Si tu commences de zéro, c'est vrai que c'est dur. Alors commence par marcher, puis marche un peu plus vite, puis commence à courir un peu en alternant avec une majorité de marche, puis, petit à petit, tu vas réduire la marche et augmenter la course, etc. C'est face à toi-même que tu te retrouves, et en avançant étape par étape, tu vas finir par courir ton premier kilomètre, etc. !

C'est comme pour Instagram. Si tu as envie d'en faire quelque chose, il faut te lancer, poster régulièrement. Il y a des moments qui ne vont pas être très agréables, où tu vas avoir l'impression que les gens ne sont pas intéressés, ou toi tu ne vas pas forcément avoir envie de poster. Mais si tu t'y mets régulièrement, un jour, la synergie va fonctionner, une de tes publications va marcher, les followers liker, partager, reposter et là, tu vas te dire : « C'est génial ! » Mais tu en seras arrivé là parce que tu te seras bougé.

Quand je suis en *down*, je fais de la méditation, j'utilise des fleurs de Bach (voir p. 218 et 221). Je lance aussi une recherche sur YouTube ou Internet en tapant simplement la situation qui m'est difficile. Je vais voir ce qui sort, comprendre pourquoi ça ne marche pas pour moi, voir comment d'autres personnes y ont réagi, etc.

Je cherche des réponses. Ça m'aide d'être active plutôt que de subir.

Avoir conscience que la société se nourrit du négatif te permet aussi de prendre la distance nécessaire. Pour te donner une idée, une des vidéos qui a le mieux marché sur mon Insta, c'est lorsque j'ai parlé de ma chienne qui était entre la vie et la mort parce qu'elle avait mangé du chocolat. C'est complètement dingue ! Fais attention à ce que tu regardes, à la télé ou sur les réseaux. Ça peut être super inspirant et intéressant, ou te plomber complètement...

Quoi qu'il arrive, mets-toi en mouvement, avance : chaque pas va en amener un autre, et c'est comme ça qu'au final, tu vas arriver où tu veux. Le plus gros effort, c'est de démarrer, mais ensuite, ce ne sont plus que de bonnes habitudes à garder ! Au lieu de subir et de te plaindre, agis, cherche des solutions. Tu verras, le mouvement amène le mouvement et c'est comme ça que ta vie va changer !

LIRE EST TOUJOURS UNE BONNE IDÉE

16.

J'imagine que tu en es convaincu toi aussi, puisque tu es en train de lire ces mots ! Les livres, c'est le moyen d'avoir accès à la façon de penser des plus grands et à plein d'informations et de nouvelles connaissances. Quelle chance de pouvoir se plonger dans le cerveau de spécialistes ou de gens qui ont réussi, pour quelques euros seulement !

D'ailleurs, s'il y a bien un cas où je ne regarde jamais le prix, c'est pour les livres. Un livre, ça vaut une vingtaine d'euros, et je ne me suis jamais dit : non, je n'achète pas ce livre parce qu'il coûte 25 €. Parce que selon mon expérience, un livre t'apportera toujours beaucoup plus que le montant que tu mets dedans. Et ça, j'en étais convaincue même quand je n'avais pas du tout d'argent.

Aujourd'hui, je vais même jusqu'à écouter la version audio du livre tout en lisant en même temps la version papier. Je ne me souviens plus qui l'avait conseillé, mais je trouve cela super intéressant – en tout cas, ça marche très bien pour moi ! Ça me permet d'avancer plus vite dans le livre, je trouve cela plus fluide et j'ai l'impression de mieux m'imprégner des informations.

Les livres sont une source d'inspiration et d'ouverture d'esprit incroyable.

Si je ne devais te recommander qu'un seul livre, je choisirais sans hésitation *Père riche, père pauvre* de Robert T. Kiyosak3. C'est un ouvrage indispensable, qu'il faudrait même faire lire à l'école ! Pour te dire à quel point c'est un incontournable pour moi, je l'ai en plusieurs exemplaires à la maison, et je l'offre régulièrement car je pense qu'il peut débloquer beaucoup de portes. Il explique l'intelligence financière, ce qu'on doit faire avec notre argent pour ne jamais être pauvre, et comment faire pour ne pas être préoccupé en permanence par ce sujet. C'est un livre que je recommande à tout le monde, je l'ai même déjà fait lire à mon fils dans une version adaptée aux adolescents[4].

3. *Un monde différent, 1997 ; 2017 pour l'édition mise à jour.*
4. Père riche, père pauvre, pour les ados et les jeunes adultes, *Un monde différent, 2023.*

C'est un livre qui ouvre l'esprit, peu importe qu'on ait une fibre commerciale ou artistique. En fait, c'est l'histoire de la vie. D'accord, tu vas me dire que j'en fais peut-être un peu trop, mais c'est vrai ! Dans notre monde aujourd'hui, l'argent a une place centrale, qu'on le veuille ou non. On en a besoin pour vivre au quotidien, pour payer le loyer ou s'acheter une maison, à manger, des vêtements, etc. Même si on ne demande pas la lune et qu'on ne veut pas vivre dans le luxe, il en faut quand même un minimum. Il est donc hyper important d'aborder cette question et de se former, alors qu'on n'en parle même pas à l'école (ça devrait absolument faire partie des programmes… !).

J'ai lu *Père riche, père pauvre* en 2017, alors que je vivais déjà de mes investissements dans l'immobilier. J'avais déjà des convictions au sujet de l'investissement et de la place de l'argent dans la vie, mais retrouver tout cela dans un livre, ça m'a fait un truc de fou ! Ça a résonné en moi, et je me suis dit : c'est écrit, c'est vraiment vrai ! Quelqu'un d'autre l'a mis en place, ça marche. Ça m'a fait beaucoup de bien de voir ça.

Cet ouvrage me confirmait tout ce que je pressentais, mais d'autres livres peuvent ouvrir de nouvelles portes et créer des déclics. C'est le cas d'un autre ouvrage (je ne vous partage pas son titre, car je trouve qu'aujourd'hui les propos ne sont plus d'actualité) qui a été fondateur dans mon parcours et qui m'a montré qu'il était possible de vivre de l'immo. C'était une révélation. J'en avais envie, mais tout le monde me disait que c'était impossible. Or, son autrice témoignait que si, c'était bien possible et l'avait fait !

Les livres vous montrent la voie : si quelqu'un l'a fait, alors vous aussi vous êtes capables de le faire, si vous y mettez toute votre énergie et votre envie !

Au-delà de ça, je trouve que lire, ça aide aussi face aux difficultés de la vie. Quand je me suis séparée de mon compagnon du jour au lendemain parce qu'il me trompait, alors que j'étais persuadée qu'il était l'homme de ma vie, j'ai traversé la période la plus dure de ma vie côté émotionnel. J'étais immensément triste et choquée. Un jour, je suis allée passer du temps dans une librairie et j'ai choisi trois livres qui m'attiraient, dont un était particulièrement gros. Je savais donc que ça me prendrait du temps de lire tout ça ! Et je me suis fait une promesse : quand j'aurai fini le premier livre, je ne serai plus aussi triste ; quand je finirai le deuxième, j'irai mieux ; quand je refermerai le troisième, je me sentirai bien à nouveau.

Les livres te permettent d'avancer dans la vie, emmenant ton cerveau ailleurs, loin du stress et de la tristesse.

J'achète les livres lorsqu'ils m'interpellent ou m'intéressent, même si c'est pour les lire trois ou quatre ans après ! J'ai toujours des livres à lire à la maison et je lis énormément. J'avais entendu quelqu'un dire un jour que lorsqu'on passe plus de temps dans les livres que devant la télé, on est sur le bon chemin. Je pense que c'est très juste. La télé, je ne l'allume que pour regarder un film en famille de temps en temps. Et le mimétisme joue ! Comme je lis tout le temps, mon fils lit beaucoup. Et la fille de mon conjoint, qui est en train d'apprendre à lire, a souvent un livre entre les mains elle aussi. Je suis persuadée que c'est une bonne chose de prendre l'habitude de lire jeune, car en plus d'ouvrir l'esprit, ça booste l'imagination et l'orthographe !

Conclusion ? N'hésite pas à acheter les livres qui te plaisent et qui t'attirent ! Peu importe le genre – business, développement personnel, fiction, etc. –, te plonger dans un livre te sera toujours bénéfique, que ce soit un roman qui te permette de voyager ou de t'évader, un témoignage qui t'ouvrira les yeux, ou un guide qui te permettra d'apprendre de nouvelles choses. Tu trouveras toujours un livre pour t'accompagner à chaque période de ta vie et en fonction de ton état d'esprit. On trouve absolument tout dans les livres.

N'utilise pas ton temps libre pour échapper à la vie que tu mènes, utilise-le pour créer la vie dont tu rêves !

NE **T'ARRÊTE PAS** À **L'AVIS** DES AUTRES

17.

Non, ce n'est pas à cause de ton prof de français de 5e B que tu n'es pas devenu un écrivain connu, ni à cause de la tante de ta voisine que tu n'as pas investi dans l'immobilier. C'est juste à cause d'une seule personne : toi ! Pas besoin de trouver des excuses à tes abandons. Il n'y a aucune autre raison valable que ta volonté et ta motivation. Si tu te laisses dissuader d'atteindre ton objectif par les mots d'autres personnes (de simples mots, tu te rends compte ?!), c'est que la raison pour laquelle tu souhaitais atteindre cet objectif n'était pas réellement solide.

N'attends rien des autres, fais confiance à la personne que tu sais pouvoir être.

Lorsque tu as une vision claire de ce que tu souhaites, peu importe ce que les gens peuvent dire, ça doit te passer au-dessus. Si tu attends une validation extérieure avant de te lancer (qu'elle vienne de ta famille, tes amis, ton entourage professionnel, ou de je ne sais qui), tu risques de ne pas faire grand-chose dans ta vie. Très souvent, le soutien arrivera en différé, seulement quand tu auras réussi…

Je vais te donner un exemple : la création de mon compte Instagram. Les investissements immobiliers, c'était ma passion, j'adorais m'occuper de mes appartements, les rénover, les décorer, gérer les locataires, etc. Mais je me sentais très seule dans tout ça car je n'avais personne dans mon entourage avec qui échanger vraiment sur ce sujet. En plus, je venais de me séparer de mon compagnon, j'étais un peu (beaucoup) en *bad* et j'avais besoin de me changer les idées. Ouvrir un compte Insta allait me permettre d'enfin pouvoir échanger avec des personnes aussi passionnées que moi par l'investissement immobilier et, cerise sur le gâteau, de penser à autre chose qu'à ma séparation. Bref, c'était parfait – de mon point de vue, en tout cas.

Là tu vas me dire : finalement tout est OK, où est le problème ? Crois-moi, il y aura toujours une personne pour te rappeler le négatif. Donc je suis là, avec mon Instagram, toute contente d'avoir eu cette idée de génie (bon, j'abuse un peu, mais c'est mon livre, je peux bien écrire ce que je veux !). Après quelques semaines, mon compte fonctionnait bien, plusieurs centaines de *followers* s'étaient déjà abonnés. Je postais des *stories*, j'échangeais avec des personnes dans le même délire que moi et ça me faisait du bien.

Une amie dont je suis très proche m'a dit qu'elle aimerait bien se lancer aussi sur Instagram pour faire la promotion de son business, mais qu'elle ne s'en sentait pas capable, malgré tous les conseils que je lui avais partagés, parce que, m'a-t-elle dit : « Quand je vois comment notre entourage parle de ton Instagram, je crains vraiment que ce soit pareil avec moi ! »

...

Je suis restée sans mot, je n'en revenais pas. Que pouvait-on dire de négatif de cet Instagram qui cochait toutes les cases et qui me faisait tant de bien ?! Elle m'a expliqué que nos proches disaient que je me ridiculisais à parler face caméra toute seule alors que je n'avais « que » 200 ou 300 abonnés (moi, je les imaginais dans mon salon et je trouvais ça énorme !), que c'était n'importe quoi et qu'il fallait qu'on me parle pour que j'arrête ça.

Finalement, personne n'est jamais venu me dire quoi que ce soit en face, et plus de 170 000 abonnés plus tard, certains m'ont même déjà demandé de leur faire de la publicité. Était-ce la jalousie de ne pas se sentir capable de faire la même chose, la peur qu'une autre personne réussisse mieux qu'eux, un manque d'intelligence qui les faisait rester dans leurs cases bien définies ? Aucune idée. Je n'ai jamais ressenti la nécessité d'aller voir directement les personnes concernées et de les mettre face à leurs dires, car leur énervement et leur façon de penser réductrice leur appartiennent. J'avoue que je ne suis pas du genre à rester sur des histoires pareilles – je pense qu'être en froid avec les gens n'apporte rien de bon –, je continue mon chemin tranquillement, mais au fond de moi, je sais sur qui je peux réellement compter ou pas.

Si j'avais écouté ces critiques et que j'avais arrêté Insta, j'aurais loupé tellement d'opportunités... Mes partages m'ont apporté beaucoup d'abonnées dans un milieu très masculin à l'origine, ce qui a interpellé pas mal de journalistes qui ont souhaité m'interviewer. Le fait d'avoir des articles dans différents types de magazines m'a apporté des invitations dans des émissions de télévision. J'ai pu sortir un premier livre, puis animer ma propre émission de radio spécialisée dans l'immobilier. Être de plus en plus visible dans les médias m'a même permis de devenir chroniqueuse dans une émission diffusée sur le groupe M6 !

Donc, en résumé, je suis passé de : « Ah, c'est cool, je viens de créer un compte Instagram sur l'immobilier » à, quatre ans plus tard : « Waouh, on vient de me proposer un poste de chroniqueuse à la télé ! » Comme quoi, un clic peut t'emmener là où tu le souhaites si tu t'y mets vraiment. Et, à l'inverse, si tu n'oses pas ce premier pas, tu pourrais passer à côté du rêve de ta vie sans même le savoir.

Bref, n'attends rien des autres, n'attends des choses que de toi, comme je le dis souvent ! Les gens te donneront toujours leur avis, et encore plus quand tu ne le leur auras pas demandé. Beaucoup trop souvent, ce sera négatif et pas constructif. Tu n'as pas besoin d'obtenir l'approbation des autres pour te lancer dans ta nouvelle idée. La seule chose dont tu as besoin, c'est d'être en accord avec toi-même et de relever tes manches !

LA VIE EST **UN JEU**

18.

Petite précision avant de commencer, je ne parle pas ici de jeu de hasard ou de prendre des risques inconsidérés. Quand je parle de participer au jeu de la vie, c'est plutôt dans le sens d'une philosophie de vie : voir les événements que l'on traverse de manière plus relax, sans se mettre de pression.

Au lieu de voir la vie comme quelque chose d'extrêmement sérieux, si on la voyait comme un jeu, avec légèreté et optimisme ?

Lorsque je me suis séparée d'un ex-conjoint après plusieurs années de vie commune, j'ai été dans le *down* pendant plusieurs mois[5]. J'avais l'impression d'être enfermée dans cette tristesse qui ne passait pas. Je me suis dit : « Tu ne peux pas rester comme ça, bouge-toi ! Si tu prends du recul sur la situation, tu peux te dire que ce que tu vis ressemble à une partie de Mario Kart. » Je sais, ça peut t'étonner, mais c'est vraiment comme ça que je voyais (et que je vois toujours) les choses.

Dans le jeu vidéo, tu as des courses, des tournois, etc., et lorsque tu perds une partie, tu peux recommencer. En général, tu n'hésites pas : tu relances le jeu et tu prends autant de plaisir dans cette nouvelle partie, voire plus parce que tu as appris de celles d'avant. Tu t'adaptes, tu anticipes les pièges et tu t'amuses encore plus ! Pourquoi la vie serait-elle différente ?

5. Je t'en parlais dans la clé « Fais-toi confiance et écoute ton instinct », p. 83.

Lors d'une séparation, j'ai souvent entendu des personnes me dire : « Voilà, j'ai loupé ma vie. J'avais passé quinze ans avec une personne, on a eu des enfants, on s'est mariés, on a acheté une maison, maintenant je dois tout recommencer à zéro… » Mais non, tu ne recommences pas à zéro ! Tu évolues, simplement, et tu continues ton chemin avec toute cette expérience.

Quand toi tu parles d'échec avec un ton désespéré, moi j'ai plutôt envie de dire : mais c'est positif, ça veut dire que tu as essayé ! Couple, business, emploi, projet personnel, il n'y a pas grande différence avec une partie de jeu vidéo : ce n'est pas parce qu'une expérience ne s'est pas terminée comme tu voulais que tu n'as pris aucun plaisir pendant celle-ci et que ça t'empêche de recommencer. Ça n'a pas fonctionné, mais ce n'est pas grave, tu t'es rapproché de ton objectif[6] et, surtout, tu as des idées plus claires sur ce qui te convient plus ou moins. Donc tu vas pouvoir ajuster les réglages pour que ça te corresponde mieux la prochaine fois.

La vie, ce n'est pas grave. Prends le positif et recommence autre chose !

Je suis persuadée qu'il faut toujours prendre du recul sur les situations. Bien sûr que tu vas traverser des émotions fortes dans certains moments de ta vie, je suis passée par là moi aussi ; mais la clé, c'est de ne pas les alimenter et rester coincé dedans. Imagine que tu es renvoyé d'un job ou que tu le quittes au bout de cinq ans (avec en plus dix ans d'études pour en arriver là), parce que tu t'es dit que vraiment, ça ne te convenait pas. En soi, est-ce grave ? Non, ce sont nos émotions et notre cerveau qui nous font dire : « Oh mon Dieu, mon monde s'écroule, il ne reste plus rien. » Mais ce n'est pas la fin du monde ! Tu peux recommencer une partie au jeu de la vie à tout moment, peu importe ton âge.

---

6. Si cette thématique t'intéresse, tu peux relire la clé « Dans tous les cas, tu gagnes », p. 65.

D'ailleurs, ça me fait penser au nombre de messages de femmes que je reçois sur Instagram qui me demandent : « J'ai 40 ans (45 ans, 50 ans), est-ce que c'est trop tard pour moi pour investir dans l'immo ? » Attends, l'espérance de vie pour les femmes, c'est 85 ans en France aujourd'hui. Tu as 40 ans, tu n'es même pas encore à la moitié de ta vie que tu te demandes déjà si c'est trop tard ?! Mais non, jusqu'au dernier moment tu peux te lancer dans un projet qui te tient à cœur ! Tant que tu es prêt à t'y mettre à fond, peu importe ton âge.

Il n'est jamais trop tard, peu importe le nombre d'« échecs » dans notre vie. Rien n'est joué d'avance, on peut toujours réussir.

J'ai eu énormément d'échecs dans l'immobilier : pendant des années et des années, j'ai mal acheté, mal négocié mes crédits, j'ai acheté trop cher, pas au bon endroit, je n'ai pas analysé le marché... ce qui ne m'a pas empêché de réussir dans l'immo au bout du compte !

J'irais même encore plus loin. Si demain, ton partenaire te dit : « J'ai envie qu'on arrête parce que notre relation ça ne me convient pas. » OK, d'accord. On ne va pas se mettre à pleurer que c'est injuste, ça ne ferait que renforcer la conviction de la personne en face. Alors que si tu connais ta valeur et que tu te dis : « Oui, je suis triste que cette personne parte, mais la vie est cool, il va se passer des trucs sympas », ça va aider à passer ce moment difficile. Et si en plus tu réponds : « Je comprends, effectivement, si je prends du recul, je vois que comme toi qu'il y a ça et ça qui n'allait pas », cela va même peut-être faire douter la personne. « Ah oui d'accord, elle n'a pas besoin de moi, elle avance quoi qu'il se passe. Est-ce que je fais vraiment bien de la quitter ? » Bien sûr, tu dois tout d'abord faire ça pour toi. Tu vas voir, ça va te donner de la force, un sentiment de puissance.

D'ailleurs, c'est pareil pour le travail. Si demain ton patron ou ton client vient te dire : « Tel élément ne me convient pas, donc je me demande si je vais poursuivre notre collaboration ou pas », tu as plus de chance d'améliorer la situation si tu réponds : « Oui effectivement, moi aussi je trouvais que ça n'allait pas, je voulais qu'on en parle justement. Ce problème qu'on a, il ne nous convient pas, donc soit on l'arrange, soit en effet, il vaut mieux qu'on arrête là. » Il ne faut pas vouloir garder au maximum par peur de perdre.

Et si tu te disais plutôt : dès que quelqu'un ou quelque chose sort de ma vie, c'est pour laisser place à mieux ?

Tu vois, tout dépend de ta manière de penser. OK, c'est dur, et c'est normal de passer par un moment difficile, mais si tu regardes vers l'avenir, plein de belles surprises t'attendent ! Tu vas peut-être rencontrer quelqu'un dont tu vas tomber fou amoureux alors que tu ne sais même pas aujourd'hui que cette personne existe ! Mais pour pouvoir la rencontrer, il faut rester ouvert et positif. Et je sais de quoi je parle, c'est exactement ce qui m'est arrivé.

Au contraire, plus tu dis que rien ne va, moins ça va aller. Quand tu joues à un jeu vidéo, tu ne te dis pas : « Oui, bon, je recommence une partie, mais de toute façon je vais perdre. » Pourquoi tu ne réagis pas comme ça alors ? Si quelque chose te semble moins sérieux, n'est-ce pas plus facile d'être positif ? Dans la vie, on a l'impression qu'il y a tellement de choses en jeu. Demain tu peux tout perdre, et alors ? Ce n'est pas pour autant que ta vie est terminée. Oui, tu vas devoir aller chercher des ressources en toi. Et si tu le fais, tu vas être encore plus fier. Car ce n'est pas la même sensation quand on te donne tout que quand tu es allé le chercher et que c'était vraiment dur, n'est-ce pas ?

En plus, au jeu de la vie, tu peux choisir d'être qui tu veux. Dans *Mario Kart*, tu peux par exemple être Mario, le héros classique que tout le monde connaît, Toad, le petit tout mignon mais qui ne se laisse pas démonter, ou encore Bowser, imposant et qui ne craint pas de prendre de la place face aux autres. Dans la vie, c'est pareil. Tu te mets dans la peau d'un personnage, tu choisis la course que tu veux mener et si tu échoues, tu peux recommencer encore et encore, ou alors te rendre compte que cette course n'est pas faite pour toi et choisir un autre défi.

Ce n'est pas toi qui fixes les règles du jeu de la société, par contre, n'oublie pas que c'est toi qui tires les cartes !

Voilà ma vision : la vie est un train, il y a des gens qui montent, d'autres qui descendent, mais le train continue à avancer. Parfois tu perds, et même vraiment beaucoup – ton job, ton amoureux, des amis –, mais c'est comme ça. Rien n'est grave, si des événements arrivent, qu'ils soient bons ou moins bons, ce n'est pas par hasard. Tu devais passer par là pour comprendre certaines choses et tu es enfin prêt à continuer ton chemin.

REFUSE LES ***UP & DOWN***

19.

Tu vois les montagnes russes ? Avoir quelqu'un qui te fait vivre des *up* très hauts et des *down* très bas, un jour être mis sur un piédestal et immédiatement le lendemain ne plus recevoir de nouvelles, ça n'est pas normal. Les émotions fluctuent, c'est naturel et humain, mais ça ne doit pas être tout le temps.

Intérieurement, lors d'un *down*, on se sent découragé, frustré, perdu, la confiance en soi disparaît. On n'arrive plus à se concentrer car on est obsédé par la situation qui prend tout notre espace mental. À l'opposé, en *up*, on se sent surpuissant. Peu à peu, ça évolue en cercle vicieux et ça fonctionne comme une drogue. On recherche encore et encore l'euphorie du *up*, c'est pour ça qu'on reste coincé dans ce schéma-là. Tu as peut-être connu ça avec un conjoint, un ami ou peut-être dans ton travail ?

Un jour, je me suis rendu compte que les *up* paraissaient incroyables parce que je venais de vivre un *down* très bas. Que la puissance que j'avais l'impression d'avoir était fausse, car elle était temporaire et dépendait entièrement de quelqu'un d'autre. Clairement, ce n'était pas sain.

Et c'est pareil quel que soit le type de relation. Si ton boulot ou ton manager te font vivre une alternance de moments d'exaltation (où tu as l'impression d'avoir le meilleur job de la terre et que tu réussis brillamment ce que tu fais) et de moments de stress intense et/ou de dévalorisation (et tu te sens trop nul, tu n'arrives plus à réfléchir posément, tu ne dors plus, ne manges plus), c'est le signal que quelque chose cloche. Tu as le droit (je te dirais même, le besoin) de dire stop.

Je t'en parle parce que je l'ai vécu. Je vais te raconter mon expérience ; elle te servira peut-être. À l'époque, j'étais tellement mal que je ne réalisais pas à quel point ce mode de fonctionnement n'était pas OK du tout.

Je te redonne le contexte : après avoir découvert que mon conjoint me trompait, je me suis réfugiée chez ma mère avec mon fils. Même si j'avais déjà plusieurs appartements, ils étaient loués. Surtout, j'avais besoin de temps en famille pour me reconstruire, entourée de personnes avec qui je me sentais bien. Ma mère et mon beau-père ont une grande maison, ma petite sœur était encore avec eux (elle a dix ans de moins que moi) et il y avait des pièces pour chacun de nous. C'était la maison du bonheur ! Gianni avait sa propre chambre, moi aussi. D'ailleurs, ma chambre, c'était devenu mon salon, ma salle à manger ; j'avais des cartons partout.

J'étais terriblement mal à cette période, et j'ai un peu lâché le côté pro. C'était très rare que je le fasse, mais je me sentais vidée. Heureusement que mes appartements tournaient plus ou moins tout seuls. J'étais quand même présente pour les tâches quotidiennes : c'est moi qui m'occupais des clients, qui donnais les clés, qui les récupérais, etc., mais je n'étais plus proactive. Je n'allais pas mettre de nouvelles annonces en ligne ou imaginer de nouveaux projets.

Sans compter que j'avais des soucis avec mon ex. Une fois séparés, il y avait plein de choses à régler (on avait notamment acheté une maison ensemble, il m'avait offert une voiture que j'ai proposé de lui racheter car elle était encore à son nom, etc.), et il a souhaité passer par des avocats pour gérer toutes les formalités financières et administratives de la séparation. Imagine, à 29 ans, recevoir des courriers d'avocat dans tous les sens, alors que tu es déjà dévastée et que tu n'as rien à te reprocher. J'étais en stress à chaque fois qu'un nouveau courrier arrivait car je ne savais jamais ce que j'allais y trouver… Il fallait les combattre un par un, ça me prenait tellement d'énergie et de temps que j'ai même dû prendre un avocat moi aussi.

Ma tristesse et ma désillusion étaient là, elles ne me lâchaient pas. Depuis plusieurs mois, je consultais une sophrologue parce que je sentais au fond de moi que quelque chose clochait avec mon conjoint. Après ma séparation, j'avais encore plus besoin d'aller la voir pour m'aider à me sortir de cette relation dans laquelle mon esprit était bloqué, et pouvoir me reconstruire. Toutes les trois semaines pendant un an, je suis allée la voir.

Dès qu'il y a quelque chose qui ne va pas dans ma vie, je vais voir un professionnel. Je teste, je vois si ça me fait du bien.

Le but, c'est de ne pas rester enfermé dans la fatigue et la déprime, se remettre en mouvement.

Un jour, après une séance, on discutait de la difficulté de trouver un partenaire et elle m'a dit : « C'est vrai qu'au vu de votre situation professionnelle et personnelle, je vous vois avec quelqu'un de plus vieux que vous, vous n'avez pas les mêmes centres d'intérêt que les gens de votre âge. » Je l'ai raconté à mon père, qui est pour moi la voix de la sagesse, et qui a confirmé : « Elle a raison ! » (Pour la petite histoire, mes parents ont eux-mêmes vingt-cinq ans d'écart.) Je me souvenais aussi des rendez-vous après ma séparation d'avec le père de mon fils, où j'avais fait le même constat…

Il y a eu peu d'hommes dans ma vie, et je n'ai jamais été avec quelqu'un avec qui je suis restée moins de deux ans (même mon premier amour au collège !). Pour moi, les relations de couple, intimes, c'est important, et je ne m'y engage pas à la légère.

Dans ma tête, il fallait que j'arrive à passer à autre chose et il n'y avait qu'une nouvelle relation qui pourrait me faire oublier la précédente parce que j'avais peur de retourner dans cette histoire malsaine. Lorsque, trois mois après ma séparation, j'ai rencontré un homme qui avait dix-huit ans de plus que moi, je me suis dit que c'était le destin qui l'avait mis sur ma route. Dès le début, j'avais conscience que c'était une personne qui ne me correspondait pas, on n'avait pas grand-chose en commun, mais j'y suis allée quand même, en espérant qu'il m'aiderait à aller mieux...

Oui, je sais ce que tu penses, ce n'est clairement pas la bonne solution, même si j'en étais convaincue à ce moment-là. Aujourd'hui, je pense que quand on est triste, pas bien dans sa peau, on ne peut pas rencontrer une personne avec qui on est aligné, parce qu'on attend de l'autre qu'il comble cette tristesse, ce manque. Or personne ne peut faire ce chemin à notre place.

Je me suis fait prendre dans cette relation sans vraiment m'en rendre compte, peut-être parce qu'on était dans une relation à distance : moi j'étais à Metz avec mon fils, lui dans le Sud. C'est quelqu'un qui voyageait beaucoup pour son travail, et il m'emmenait. Grâce à lui, j'ai visité plein de pays dans lesquels je n'avais jamais été. Tous les deux mois, on repartait quelque part.

Voyage ou pas, je me suis rendu compte rapidement qu'il était jaloux. S'il m'envoyait un message et que je ne répondais dans les dix minutes – et peu importe que je sois sur un chantier en train de faire le point avec les ouvriers – tout de suite il s'énervait, m'envoyait des messages jusqu'à ce que je réponde. Je ne comprenais pas car c'était la première fois que je me retrouvais avec quelqu'un comme ça. Lui expliquait sa jalousie par la distance qui le faisait se sentir en insécurité dans notre couple.

C'était lourd et je me disais : « Ça ne me va pas, je vais finir par le quitter. » Mais je repoussais la décision parce qu'on avait réservé tel voyage, alors autant y aller et je me disais que je verrais après... Quand on ne se disputait pas pendant cinq jours, c'était un *up* incroyable pour moi (alors qu'en fait, c'est juste normal). Je m'autopersuadais aussi que ça n'allait pas se finir là, que je n'allais pas revivre un échec et que je n'allais pas avoir à tout recommencer.

Je ne sautais pas le pas du déménagement. Plusieurs fois déjà il m'avait demandé de le rejoindre dans le Sud. J'étais très réticente : ce n'est pas comme si j'étais seule, que je pouvais descendre vivre avec lui et remonter à Metz si ça n'allait pas. J'avais mon fils, et je ne voulais pas le déstabiliser. Rejoindre mon compagnon, ça voulait dire faire changer Gianni d'école, et devoir peut-être redéménager si l'expérience n'était pas concluante. En plus on se disputait souvent, je ne m'imaginais pas vivre cela au quotidien. Lui pensait que j'allais finir par le rejoindre, mais je ne le sentais pas et je restais en Lorraine. D'ailleurs, cela donnait lieu à chaque fois à de gros conflits entre nous, mais je ne voulais pas faire quelque chose que je ne sentais pas. Un an s'est écoulé comme ça, puis deux...

Puis il y a eu le confinement. Ça faisait trois ans qu'on était ensemble. Comme les écoles étaient fermées et qu'on se retrouvait à faire l'école à la maison, peu importait où on se trouvait. Cette fois-ci, j'ai accepté de descendre. C'était le moment idéal pour tester la vie commune : pas besoin de changement d'école ou de déménagement. Pendant ces quelques semaines, j'ai senti mon compagnon plus apaisé. Il me répétait qu'il était jaloux car j'étais loin, maintenant que j'étais là, il semblait calmé. Peut-être allait-on pouvoir trouver notre équilibre ? Le deuxième confinement s'est passé aussi bien et je me suis installée avec lui.

Mais quand la vie normale a repris et que je n'ai plus passé mes journées à la maison, la jalousie est revenue, avec son lot de disputes et d'insultes. C'était une jalousie vraiment maladive. Par exemple, si j'allais promener mon chien, il s'énervait car j'y avais été sans lui. Quand j'allais en ville, il me disait que je faisais exprès de sortir pour que tout le monde sache qu'il y avait une petite nouvelle qui venait d'arriver et qu'on s'intéresse à moi. J'allais à l'anniversaire d'une copine, il critiquait ma manière de m'habiller. Un pote à lui me souriait dans un contexte banal, c'est que je l'avais allumé. Je pourrais continuer longtemps. Rien n'allait jamais, et il considérait toutes mes actions à travers un filtre déformant.

Le plus malsain, c'est sans doute qu'il me quittait quand j'allais en déplacement à Paris. Il me disait : « Non, ça ne va plus, je préfère qu'on se quitte. » Quand je l'appelais, il ne décrochait plus. Et ce petit jeu marchait. J'étais perturbée, mon cerveau était obnubilé par ça et je n'arrivais pas à me concentrer sur mon travail et encore moins profiter du moment. Là, j'étais à fond dans le *down*. Quand je revenais, c'était comme s'il ne s'était rien passé et on reprenait comme avant. (Avec le recul, j'ai appris qu'il avait alors des relations avec d'autres femmes... Mais ça, je n'en avais aucune idée à l'époque.)

Quand j'y repense, je ne sais pas pourquoi je me laissais parler comme ça, ni pourquoi je suis restée aussi longtemps, près de cinq ans. C'est comme si j'avais été une autre personne. Quand on est dans une relation malsaine, toxique, c'est compliqué de bien réfléchir. Peut-être n'étais-je pas assez sensibilisée à ce sujet. Je n'arrivais pas encore à me dire :

Tu as de la valeur, tu as le droit de ne pas te laisser insulter, tu as le droit de quitter quelqu'un avec qui tu ne te sens pas bien, tu n'es pas obligée d'être en couple, tu as le droit de te sentir bien seule.

Professionnellement, l'envie et l'énergie étaient revenues et je débordais de projets qui m'enthousiasmaient tous énormément. Je travaillais à fond à nouveau, sûrement pour compenser le mal-être que je ressentais dans ma vie personnelle. Je n'ai jamais autant travaillé ni gagné d'argent qu'à cette période[7]...

Lorsque j'ai commencé à raconter ce qui m'arrivait à mes proches, ils m'ont dit : « Mais jamais on aurait pu imaginer ce qu'il se passait. Tu donnes l'image de quelqu'un qui ne se laisserait jamais marcher sur les pieds ! » Et pourtant... Oui, j'avais une certaine réussite professionnelle et financière, j'étais reconnue pour ce que je faisais, y compris au niveau médiatique, mais ma vie de couple était une catastrophe.

Je me souviens très clairement d'un matin où j'étais interviewée à la radio. J'avais posé mon portable sur la table, en silencieux. Tout se passait super bien, je me souviens que j'avais un grand sourire ; c'est gratifiant de voir son travail reconnu et de pouvoir le partager dans les médias, j'adore cette idée de transmettre. J'étais donc en direct dans l'émission et mon portable s'est allumé. C'était mon conjoint qui m'envoyait un message, critiquant violemment mon attitude et me traitant de tous les noms.

7. *Voir aussi la clé « L'argent, ça ne fait pas tout », p. 132.*

C'était trop. Ça faisait cinq ans que j'étais dans une relation qui ne me convenait pas. Là, ça devenait invivable. Dans ma vie professionnelle, je me sentais heureuse, légère, tellement bien – je passais des journées de folie. Je partageais aussi des moments joyeux à rigoler avec mes copines. Mais je rentrais chez moi la boule au ventre, en sachant que j'allais être traitée comme une merde (peut-être que l'expression te choque, mais c'était exactement ça).

Le déclic était là, enfin. Je ne voulais plus laisser autant de pouvoir à quelqu'un d'aussi toxique.

Stop.

Les *up* et *down*, eh bien, c'est vraiment cool dans un parc d'attractions, mais c'est inacceptable dans ta vie. Les personnes qui soufflent tout le temps le chaud et le froid sont souvent des manipulateurs.

Refuser de se laisser balancer entre les deux extrêmes du *up* et *down*, ne plus accepter une situation qui ne te convient pas, c'est ça qui permet d'en sortir et de revenir à une vie plus équilibrée. Tu reprends le contrôle, tu peux avoir un état d'esprit apaisé. Elle est là, la puissance. Au final, tu peux rester plus focus sur tes objectifs et avancer sereinement dans la vie.

LE **SAUVEUR** QUE TU ATTENDS, **C'EST TOI !**

20.

Sais-tu quand et à quel moment tu es certain d'être au bon endroit ? Quand tu te sens vraiment aligné avec tes choix, ce qui t'entoure et la vie que tu mènes ? Lorsque tu arrêtes d'attendre quelque chose ! Lorsque tu cesses d'attendre le vendredi soir, les beaux jours, que les enfants soient plus grands, ou que quelqu'un vienne te sauver…

Ça faisait des années que j'étais mal dans mon couple. Je m'étais lancée dans cette relation pour les mauvaises raisons, et j'avais l'impression d'y être prise au piège. Et un jour, j'ai pris conscience de la différence entre la joie que j'avais dans mon travail et avec mes amis, et le malaise quand je rentrais à la maison. Le *gap* est devenu trop énorme.

À cette période-là, je cherchais un bureau. J'avais finalement choisi un appartement en me disant : si jamais il faut que tu partes vite, tu auras un endroit où aller. Et même si ça faisait deux ans que j'étais installée dans cette ville du Sud, je ne connaissais personne ou presque. Finalement, il n'y avait qu'avec ma coiffeuse que je parlais. Pour te résumer la situation, je n'avais personne chez qui aller si jamais ça n'allait pas. Intérieurement, je savais déjà que j'allais quitter mon conjoint, j'avais eu le déclic, mais je ne savais pas encore quand ou comment. Sans en avoir complètement conscience, je mettais en place les bonnes conditions pour le faire.

Un jour, je devais me rendre à Paris, j'avais une émission de radio très tôt le lendemain. Comme d'habitude, il m'a quittée par SMS alors que j'étais en voiture en direction de la gare. Cette fois-ci, c'était la dernière fois ! Je lui ai répondu : « Dans cinq minutes, je suis dans le train. Si au moment où je mets le pied dans le wagon, tu n'es pas revenu sur ce que tu viens de me dire, je te prends au mot. » Silence. Pas de message, pas d'appel. Je suis rentrée tard le lendemain. Mon fils était déjà endormi et je me suis couchée comme si de rien n'était. Lorsque mon conjoint est parti travailler le lendemain, je me suis mise à faire des allers-retours avec ma voiture entre notre maison et l'appartement, pour déménager mes affaires.

Je ne suis jamais revenue.

Après l'avoir quitté, je me suis rapidement sentie alignée, plus légère. Le plus dur, c'était de partir, mais après ça, la séparation n'a pas été difficile à vivre pour moi car j'avais déjà fait le chemin dans ma tête depuis un long moment.

Par contre, pour me sentir mieux, j'avais besoin de comprendre ce qui m'était arrivé. Comment j'en étais arrivée à passer autant d'années dans une relation aussi malsaine. J'ai fait beaucoup de recherches sur Internet. Je tapais des mots-clés dans le moteur de recherche et je consultais ce qui sortait : des témoignages sur YouTube, des extraits de livres, des forums, etc. Je cherchais comment les gens qui avaient vécu des choses similaires avaient fait pour aller mieux. Alors, comme toujours sur Internet, tu tombes sur des choses qui te parlent et d'autres moins, mais tu fais facilement le tri.

Voir qu'on n'est pas seul, qu'on n'est pas le seul à avoir vécu quelque chose de difficile, ça aide.

Arrête de vivre la vie de quelqu'un d'autre et vis la tienne.

J'ai raconté mon histoire à des amis proches et ça m'a fait beaucoup de bien. Avoir un regard extérieur, quelqu'un d'autre qui te dit que ce n'est pas normal, c'est libérateur. Quand j'étais en couple, je ne me reconnaissais plus. J'étais tout le temps à fleur de peau, tout le temps sur la défensive, même avec ma famille.

Souvent, on a tendance à garder les difficultés pour soi en se disant que ça va passer, mais en réalité, ça prend beaucoup de temps. Vide ton sac, libère-toi. N'oublie pas que les ressources extérieures sont aussi importantes que les ressources intérieures. Demander de l'aide peut t'assister à sortir d'un engrenage ou d'une impression d'être perdu.

Récemment, j'échangeais avec une amie : « Tu sais, Allison, une bonne partie de ma vie, j'ai pensé que quelqu'un allait venir me sauver, j'en étais persuadée. Un homme dont je tomberais amoureuse qui me sortirais de cette vie qui ne me convenait pas. » L'attente du sauveur !

Puis elle m'a dit : « Et finalement, je me suis rendu compte que cette personne que j'ai attendue une bonne partie de ma vie, cette personne qui devait venir me sauver, c'était moi, en réalité ! »

J'en ai eu des frissons. C'était exactement ça ! Et je l'ai vécue moi aussi, cette révélation que tout repose sur toi. Tu as bien lu. Ça ne sert à rien d'attendre que telle personne agisse, que telle situation change ou encore que les circonstances soient plus propices.

Si tu veux du changement, n'attends pas qu'il vienne de l'extérieur.

Tout se trouve à l'intérieur de toi !

Tu ne sais pas comment orienter ta vie ? Ne demande pas aux autres de répondre à cette question, pose-la à toi-même et vois ce que tu ressens ! Où veux-tu aller ? Je trouve que c'est fou tout ce qui est disponible à l'intérieur de nous. J'ai l'impression que c'est un buffet à volonté, alors sers-toi !

Ne laisse pas quelqu'un d'autre décider de ton destin : personne n'est mieux placé que toi pour t'indiquer le chemin. Tes parents, le président, ton conjoint, ton patron, ou je ne sais qui, personne n'est là pour te sauver.

Garde cette phrase en tête : tu es le héros de cette histoire.

C'est fou la force que tu ressens quand tu prends conscience que c'est toi, ton sauveur. C'est comme si tu te réveilles, tu reprends le contrôle. Tu ne subis plus passivement, tu es actif, c'est toi qui décides.

L'ARGENT, ÇA NE FAIT PAS TOUT

21.

Quand j'étais plus jeune, j'étais persuadée que l'argent allait être la clé de mon bonheur. Pendant la dernière année et demie où j'étais avec mon conjoint « *up & down* » (p. 117), c'est là que j'ai le plus travaillé et gagné le plus d'argent de toute ma vie, et pourtant, je n'ai jamais été aussi malheureuse. Je me suis dit : « Allison, tu pensais que l'argent faisait le bonheur, tu vois bien que ce n'est pas le cas... » Je ne profitais même pas de cet argent ; puisqu'on ne faisait pas de sorties en famille, je ne le dépensais pas.

Si tu crois que l'argent en abondance est la source de tout et qu'il va t'apporter le bonheur, le bien-être, et être à l'origine de tout ce qui pourrait se passer de cool dans ta vie, stop, arrête de rêver. L'argent ne t'apporte pas tout ça.

Tu peux être riche mais triste parce que ça ne se passe pas bien avec ton conjoint ou ta conjointe. Tu peux être riche mais malheureux parce qu'un proche a une maladie grave. Tu peux être riche et mal dans ta peau car tu ne t'aimes pas. Enfin bref, tu peux être riche et ne pas être heureux.

Alors arrête de penser à l'argent tout le temps ou d'avoir peur de le perdre[8]. Tu vas me dire que tu n'as pas vraiment le choix si tu veux réussir à remplir ton assiette jusqu'à la fin du mois et tu as

8. On en parlait aussi dans la clé « Surmonte tes peurs », p. 71.

raison... Enfin, pas forcément... Tout dépend de comment on voit les choses.

Liberté financière : quand tes choix ne sont plus dictés par ton compte en banque !

Pourquoi je te conseille de ne pas penser encore et toujours à l'argent ? Parce que sinon, il prend une place énorme dans ton cerveau. Ce qui fait qu'il y a moins de place pour réfléchir aux choses plus cool du genre : comment je pourrais faire pour me sentir encore mieux dans ma vie ? Comment développer mon business ? Ou bien il prend la place d'une séance de méditation parce que tu dis que tu n'as pas le temps et que ce n'est pas rentable. Regarde toute l'énergie que tu perds à calculer si la taille de ton compte en banque te permet de t'offrir ceci ou cela (déjà, si tu te poses la question, c'est que la réponse est non ! Sinon, ce serait tellement évident que tu n'aurais pas à y réfléchir)[9].

Arrêter de penser à l'argent, c'est libérer de l'espace mental pour réfléchir à ce qui compte vraiment pour toi, et te remettre dans le présent.

Si tu arrêtes de te focus sur l'argent, ça ne veut pas dire que tu lâches tout ou que tu vas tout dépenser sans réfléchir (surtout pas, d'ailleurs !). Tu places juste ton énergie ailleurs. Au lieu de te concentrer sur le montant que ça te rapporte, tu te concentres sur ton pourquoi, sur la sensation d'être aligné quand tu passes des heures à monter ton business, par exemple.

Ça va peut-être te sembler paradoxal, mais je n'ai jamais gagné autant d'argent que depuis que je ne travaille plus pour l'argent !

---

9. Sans compter qu'on n'a pas été formés à l'intelligence financière, donc on ne dépense pas correctement l'argent qu'on a. Pour en savoir plus, retourne à la clé « Développe ton intelligence financière », p. 79.

Je travaille pour partager tout ce que j'ai appris, pour passer du temps avec ma famille, pour avoir et faire ce dont j'ai envie, pour cette liberté qui me motive depuis le début. Tu connais l'*ikigai* ? C'est ta zone de génie, celle qui est à l'intersection de ce pour quoi tu es doué, ce dont les gens ont besoin et qui peut être rémunéré. Tu ne gagneras jamais autant d'argent que là ! Tout le monde a quelque chose à apporter. Avec l'*ikigai*, tu te concentres sur ce pour quoi tu es doué, sur ce que tu as envie de faire.

Je pense que pour réussir, il faut un but autre que l'argent ou la popularité. Il faut une part de spiritualité, vouloir aller bien plus loin que tout ça, vouloir changer les choses, aider les gens, donner le déclic qui fera la différence. Lorsque tu ne travailles plus pour l'argent mais pour apprendre de nouvelles choses, pour transmettre, à ce moment-là, tu t'ouvres à autre chose. Tu vas peut-être penser que je suis une illuminée, mais je t'assure que ça fait toute la différence !

SOIS **PASSIONNÉ** PAR CE QUE **TU FAIS**

22.

Ne dis pas à tes enfants qu'il faut « travailler dur pour réussir ». Parce que c'est vraiment leur mentir. Je n'ai pas l'impression d'avoir travaillé dur, et j'ai réussi à monter quelque chose dans ma vie, à faire en sorte d'être libre financièrement. Je pense que j'aimais tellement ce que je faisais et que j'étais tellement passionnée que, finalement, j'ai peut-être travaillé plus que les autres. Mais quand on est passionné par ce qu'on fait, ça se fait naturellement !

Dis plutôt à tes enfants : « Fais ce que tu aimes, travaille intelligemment, et là, tu réussiras. »

Quand je suis arrivée sur Instagram, je n'imaginais pas du tout l'ampleur que ça allait prendre. Je me demandais juste : « Où sont les gens passionnés comme moi ? » Je ne pouvais pas en discuter autour de moi, et c'est comme ça que j'ai lancé mon compte. Avant le confinement, j'avais environ 8 000 abonnés. Ils me demandaient une formation, je leur disais : « Foncez, ouvrez Leboncoin, cherchez un bien, allez le visiter et achetez-le ! » Je ne comprenais pas ce qu'ils voulaient savoir de plus !

Dans ma tête, ce que je faisais n'avait rien d'extraordinaire, parce que personne dans mes proches ne m'avait jamais dit : « C'est génial ! » Sur Instagram, les gens ont commencé à me dire « moi, je veux la vie que tu as », et c'est là que j'ai réalisé… Comme ils me demandaient une formation et qu'avec le confinement, j'avais le temps, j'ai commencé à me pencher sur la question. Et je me suis rendu compte que, au final, j'avais énormément de choses à expliquer : je me suis retrouvée avec 20 heures de vidéos !

Lorsque j'ai lancé cette formation, j'ai été hyper surprise par l'accueil. Les gens me disaient que ça les aidait vraiment, qu'ils étaient contents du contenu et qu'ils avaient investi grâce à ma formation. Ça me faisait vraiment kiffer, je trouvais ça génial ! Devant le succès, j'ai commencé à mettre une réelle stratégie en place pour Instagram et j'ai pris 70 000 abonnés en un an, puis ça a continué à augmenter. Les médias se sont intéressés à moi, et tu connais la suite de l'histoire !

Dans ma vie, il n'y a pas de séparation entre le travail et le reste de ma vie. C'est le fait d'être passionnée qui m'a emmenée aussi loin !

Tu as une passion ? Fais-en un business !

Il y a une chose que tu dois absolument faire : aimer ton travail ! Pas simplement te dire « ça va, ce n'est pas si mal que ça ! », non, vraiment l'aimer ! Si ton travail actuel ne te plaît pas, ça va être difficile de l'aimer comme par magie, alors choisis-en un qui te fasse kiffer grave ! Réfléchis à toutes ces choses que tu aimes et qui font que le temps file à une vitesse folle dès que tu vaques à ces occupations. Eh bien, il faut que ton travail te fasse le même effet. Si ce n'est pas le cas, c'est que tu n'es pas au bon endroit.

LES **PRO-BLÈMES** DES AUTRES NE SONT PAS **LES TIENS**

23.

Je vais te raconter une histoire qui m'a vraiment ouvert les yeux. Je venais de poster sur Instagram à propos d'un reportage télé sur mon parcours, et j'ai vu qu'une vieille connaissance avait commenté. On s'était bien entendues par le passé, j'en gardais de bons souvenirs et, si je l'avais croisée dans la rue, je lui aurais demandé de ses nouvelles. Mais clairement, la perception qu'on a de quelqu'un peut être bien différente de la réalité. Elle avait écrit qu'elle me connaissait et disait que je n'étais pas partie de rien, que mes parents avaient déjà beaucoup d'argent à la base.

Je m'attendais à tout sauf à ça ! Elle savait très bien d'où je venais pour la simple et bonne raison qu'il n'y avait aucune famille riche dans l'établissement où nous nous étions rencontrées – nous étions tous dans la même galère. Au bout de quelques échanges, j'ai eu l'impression qu'elle cherchait à me faire passer pour une menteuse… Le premier sentiment qui m'est venu, c'était la tristesse de me dire que cette personne n'était finalement pas aussi bienveillante que je croyais. Ensuite, j'ai analysé notre échange et je me suis dit que le problème ne venait pas de moi ni de ce que j'avais fait ou pas, mais plutôt de l'image qu'elle avait d'elle-même et qui ne lui convenait certainement pas. Le fait de se dire que nous étions toutes les deux plus ou moins au même stade de vie lors de notre rencontre et que j'avais réussi à m'extirper de cette situation devait certainement aller chercher quelque chose en elle qui lui faisait mal.

Quand une personne s'énerve contre toi, est méchante ou te critique, ce n'est pas avec toi qu'elle a un problème, mais avec elle-même.

Une fois que j'ai compris ça, je me suis sentie beaucoup mieux. Désormais, dès que je me retrouve dans une situation similaire, je me pose la question de savoir pourquoi la personne en face réagit avec tant de violence. En général, on trouve rapidement la réponse.

Pour te donner un exemple, pense à la conduite. Tu as forcément déjà croisé un autre conducteur hyper nerveux et agressif, du genre à te klaxonner, voire à t'insulter, juste parce que tu as mis trois secondes à démarrer au feu vert. Dans ce cas, tu sais bien que le problème, ce n'est pas toi ou ta conduite, mais lui qui est stressé ! Souvent, les réactions des autres n'ont pas de rapport avec nous, alors pourquoi les laisser nous atteindre ?

Tu le sais, aujourd'hui, je vis de mes investissements immobiliers. Le chemin jusqu'à cet objectif a été long, mais j'y suis arrivée. Mais tu n'as pas idée du nombre de personnes de mon entourage qui ont pu me dire des phrases décourageantes. « Trop risqué », « trop dur », on m'a même dit que j'étais une rêveuse et qu'il fallait que je redescende sur terre. Bref, des personnes d'un grand soutien, tu l'as compris. Comme expliqué dans la clé « Ne t'arrête pas à l'avis des autres » (p. 105), je suis restée focus sur ma cible, sans laisser les ondes négatives atteindre mon rêve. Finalement, pour moi, ça a été possible. Pas facile, mais possible.

Ce que j'entends le plus aujourd'hui et qui m'énerve à un point que tu ne peux même pas imaginer (et pourtant, je t'assure que, pour que quelque chose m'énerve, il faut vraiment y aller fort), ce sont toutes ces personnes qui me disent que ce n'est plus possible de vivre de l'immobilier aujourd'hui. Ils m'expliquent ça, à moi, qui continue à investir sans cesse, qui fais investir des milliers de personnes et qui crois en l'immobilier plus que tout. Les dires de ces personnes sont régis par leurs peurs. Peur de se lancer ? Peur d'échouer ? Je n'en sais rien, et peu importe.

Entendre ce genre de phrases démotivantes à longueur de temps, ça te freine dans ta vie, ça te ralentit sur la route qui te mène à tes rêves. C'est comme si tu étais sur une autoroute avec un péage tous les kilomètres où tu ne dois pas payer avec de l'argent, mais avec des explications. Si celles-ci sont valables, on te laissera passer jusqu'au prochain kilomètre, où on t'attendra de pied ferme pour d'autres explications. Mais, tu sais quoi, il suffit de te comporter comme si tu étais sur une autoroute où tu as le badge Télépéage !

Toutes les opinions négatives appartiennent aux gens qui les pensent.

Ce sont leurs peurs, leurs problèmes, leurs croyances limitantes, pas les tiennes ! C'est important de leur rendre : elles sont à eux, pas à moi ni à toi !

On me répétait : « L'immo, ça ne se fait pas par magie. » Mais dans ma tête, il n'y avait pas de magie, juste une stratégie bien rodée et un travail intelligent pour la mettre en place. On me disait même que je risquais d'y laisser des plumes… Je pense qu'ils me prenaient vraiment pour un pigeon. Heureusement, la vie a fait que je me trouvais dans une situation qui ne me convenait pas du tout et j'avais l'impression de n'avoir rien à perdre. C'est ce qui m'a permis de faire abstraction de tout ce que je pouvais entendre de négatif à propos de mes objectifs, un peu comme une barrière phonique. Je ne les entendais tout simplement pas. C'est ça qui m'a permis de rester dans mon imaginaire à moi et de bâtir la vie de mes rêves, cette vie dans laquelle je pouvais me projeter dès que j'avais un moment de doute et qui me permettait en une fraction de seconde de savoir quel chemin je devais prendre pour y arriver.

Mais tu es peut-être dans une situation différente de la mienne. Je me souviens d'un jeune d'une vingtaine d'années qui me disait qu'il était d'accord avec moi, mais que, dès qu'il parlait de ses projets avec sa famille, il se heurtait à des « non » tout le temps, dans une atmosphère générale bien négative, tu imagines le truc. C'est sûr que si tu te retrouves là-dedans, tu ne risques pas d'aller bien loin. Je lui ai conseillé d'agrandir le cercle de personnes motivantes, inspirantes, et avec qui il partageait la même passion. S'éloigner des gens qui absorbent notre énergie, c'est parfois compliqué. Mais si tu augmentes ton entourage positif, alors, mathématiquement, la part de négatif diminue. Pour que tu comprennes bien le principe, je vais te le dessiner (je trouve qu'on comprend tellement mieux avec un schéma !) – tourne cette page !

AVANT

APRÈS

C'est à toi de reprendre le contrôle. Mets du positif dans ta vie plutôt que des barrières !

Ennemi n° 1 de ta réussite : tes émotions !

Savoir aussi comment tes proches réagissent est intéressant. J'aime bien mettre les gens dans des cercles : les personnes de confiance, celles avec qui je vais pouvoir parler d'immo, d'autres qui n'aiment pas parler d'argent, celles qui sont négatives sur un certain type de sujets, ou d'autres qui sont hyper enthousiastes de nature, par exemple. Tout ça n'a rien à voir avec le fait d'être plus ou moins proche de quelqu'un. En revanche, ça te permet de savoir avec qui parler de quoi !

Ne laisse pas une personne te dire que ce n'est pas possible. Enfin, laisse-la dire, mais ne laisse pas ses paroles te faire douter de tes rêves ! Tout est possible, je te rassure, je l'ai expérimenté ! Mais n'oublie jamais que les paroles des autres sont liées à leurs propres peurs ou problèmes. Ce ne sont pas les tiens. Avoir conscience de cette différence va changer ta vie !

ENTOURE-TOI DES **MEILLEURS**

24.

Les choses sont simples. Dans la vie tu as le choix : soit tu décides d'être entouré de personnes qui sont plus fortes que toi, soit tu t'entoures de personnes qui sont moins fortes que toi. Oui, je sais que tu vas me dire que tout est subjectif, dépend du point de vue de chacun, etc., mais au fond, tu vois ce que je veux dire, non ?

Lorsque tu es entouré de personnes « moins bonnes que toi » (je mets des guillemets, je sais que la formulation n'est pas parfaite, mais elle a le mérite d'être claire), tu restes dans ta zone de confort. En gros, tu sais que tout ce que tu pourras faire ou dire sera approuvé. Tu peux aider les autres à avancer en leur montrant le chemin de ce qui est possible, mais tu n'as pas réellement de modèle, de personnes qui te challengent et te poussent à te dépasser.

Personnellement, j'ai toujours préféré être entourée de gens plus forts que moi. C'est alors à moi de me bouger pour rattraper les autres. Quand les gens sont meilleurs que toi, ça vient chercher ton ego, tu ne te trouves plus en haut de l'affiche.

Et c'est là que tu progresses le plus, que tu vas apprendre plus et plus rapidement.

Il y a quelques années, une amie m'a proposé d'essayer le *running* dans le club dans lequel elle était inscrite. Elle faisait partie du groupe le plus avancé ; c'était la seule fille, tous les mecs étaient très sportifs et couraient beaucoup plus vite que moi. J'ai fait quelques séances avec elle et j'ai tellement adoré que je me suis inscrite. Normalement, j'aurais dû rejoindre un autre entraînement pour courir avec des personnes du même niveau intermédiaire que moi, mais j'ai décidé de rester dans ce groupe initial car je me rendais compte que ça me boostait. Cela fait maintenant trois ans que je cours avec eux, et même si je ne suis toujours pas au même niveau que les hommes du groupe, j'ai progressé beaucoup plus que si j'avais été entourée de gens avec des capacités de course similaires aux miennes ou que si j'avais couru seule.

Professionnellement, je pense la même chose. Quand les personnes sont plus fortes que toi, c'est beaucoup plus formateur et ça te tire vers le haut. Tout comme s'appuyer sur l'expertise spécifique que certains possèdent. J'ai mis du temps à déléguer car ce n'était pas dans mes gènes, ayant grandi dans une famille de commerçants qui faisaient tout eux-mêmes. Plusieurs années et quelques sociétés créées plus tard, je me suis décidée à m'entourer pour mieux avancer. M'entourer, oui, mais pas de n'importe qui : j'ai choisi de travailler avec des gens aux capacités plus développées que les miennes dans leur domaine d'expertise, par exemple, une assistante qui est beaucoup plus organisée que moi (ce n'est pas difficile, mais quand même !).

Alors, de quel type de personnes t'entoures-tu ? Les deux options en disent beaucoup sur ton état d'esprit et la manière dont tu te perçois. Choisis avec soin ton entourage. Plus tu passeras de temps avec des personnes meilleures que toi, plus tu évolueras.

SOIS LA
PERSONNE
QUE TU
RÊVES DE
RENCON-
TRER

25.

Lorsque mon compte Instagram et mes formations ont commencé à avoir du succès, les journalistes se sont intéressés à moi. Je me souviens encore très bien d'un d'entre eux qui m'avait demandé : « Mais, Allison, si vos appartements vous rapportent autant, pourquoi expliquer aux gens comment faire ? Ils vont faire comme vous et vous aurez moins de locataires et moins d'argent ! Si j'étais vous, je ne dirais rien à personne ! »

Et je me vois encore lui répondre : « Parce que je ne suis pas aussi égoïste ! Je sais à quel point j'ai galéré pour en arriver là. Je n'avais personne pour me dire quel chemin prendre, j'avançais dans le brouillard. » Parfois, tu es à deux mètres de l'arrivée, mais tu n'y vois tellement rien que tu te dis que tu as peut-être pris le mauvais chemin et qu'il faut que tu t'arrêtes ou que tu fasses demi-tour. Alors que l'arrivée est juste devant toi ! Mais tu ne le sais pas. Moi, j'y suis arrivée parce que je n'ai rien lâché.

Et c'est pareil dans tous les domaines de ta vie, avec tes enfants, dans tes loisirs, avec ton conjoint, etc. Avec mon fils, je veux être la mère qu'il puisse appeler si un jour lui ou un de ses amis a un souci, et je me comporte comme la mère que je rêve d'être !

Aujourd'hui, j'ai envie d'être la personne que j'aurais voulu rencontrer il y a dix ou quinze ans, quand j'ai commencé dans l'immobilier. J'ai besoin de partager avec toi tout ce que j'ai appris ! C'est pourquoi ce deuxième livre existe.

PARTAGE TA VIE AVEC UNE PERSONNE **QUI TE CORRES-POND**

26.

Quand je dis « correspondre », je ne te parle pas des conseils du genre « les défauts de l'un doivent être les qualités de l'autre », etc. Tout ça, c'est du blabla. Là, je te parle de quelque chose de plus profond. Lorsque tu es avec cette personne, tu n'as pas ce petit truc qui te dit que quelque chose cloche, que ce n'est pas la bonne personne[10]. Jusqu'à mes 35 ans, ma vie personnelle était... Je ne sais même pas quel terme correspondrait le mieux, un mot qui se trouverait pile entre « une désillusion » et « une déception ».

Ma dernière séparation était une vraie libération[11] et je me suis rapidement sentie alignée et plus légère. Je suis convaincue que quand on est bien avec soi-même, on rencontre les bonnes personnes. Sinon, on attend d'elles qu'elles comblent notre mal-être, et ça ne peut pas marcher. C'est pour ça que c'est important de travailler sur soi : pour se sentir bien en étant seul.

10. Voir aussi la clé « Fais-toi confiance et écoute ton instinct », p. 83.
11. Je te raconte tout dans les clés « Refuse les up & down » (p. 116) et « Le sauveur que tu attends, c'est toi ! » (p. 126).

Ce n'est pas un échec de se séparer si c'est pour se retrouver soi-même.

Tu ne perds jamais lorsque tu te sépares d'une personne qui ne te rend pas heureux, qui ne te soutient pas et qui peut-être ne te respecte pas toujours.

Quelques mois plus tard, au cours d'un dîner entre amis, j'ai rencontré celui qui est mon conjoint actuel. Tout s'est aligné avec lui. Pour la première fois, je suis dans une relation posée, saine. Nous formons une famille recomposée où toutes les bases du respect sont présentes. Jusqu'à ce que je le vive, je ne pensais même pas que ça existait, parce que je n'avais jamais connu ça avant dans mes couples. Je suis tellement plus sereine, mon esprit est apaisé, ça change vraiment tout.

Quand tu vis des relations de couple différentes, comme ça a été mon cas, il faut prendre le temps de te demander ce qui a changé. Qu'est-ce qui fait qu'aujourd'hui, j'ai l'impression de me sentir tellement plus épanouie et alignée ? Je me rends compte que j'ai retrouvé dans ma relation actuelle les valeurs qui sont essentielles pour moi : honnêteté, fiabilité, fidélité et respect.

En tant que femme entrepreneuse, quand tu es connue, que tu as une réussite sociale et professionnelle, que tu gagnes de l'argent, ça peut être compliqué, je l'ai vécu. C'est fondamental d'être avec quelqu'un qui soit OK avec ça, qui ne soit pas jaloux de ton succès, qui ne cherche pas à te faire changer et qui respecte qui tu es.

Je pense que c'est ça, être une famille : être dans l'entraide les uns des autres.

Te réjouir pour ton conjoint lorsqu'il réussit quelque chose et être heureux pour lui. Ne pas faire de différence entre tes enfants et ceux de ton conjoint. Pour qu'une famille fonctionne, il faut que tous les membres qui vivent sous le même toit se sentent bien. Si ce n'est pas le cas, ça impacte tout le monde.

Ce n'est pas qu'il n'y a pas de dispute. Une vie sans disputes, je pense que c'est impossible ! Elles sont là pour remettre les choses au clair. Ce n'est pas pour faire du mal à l'autre, c'est pour que les choses se réajustent, dans un climat constructif. D'ailleurs, quand tu es en désaccord et que tu te sens en colère, il vaut mieux faire une pause de deux ou trois heures sans se parler plutôt que de se crier dessus. J'ai lu un jour une phrase qui me paraît très juste : sais-tu pourquoi deux personnes se crient dessus lorsqu'elles se disputent alors qu'elles sont juste l'une à côté de l'autre ? C'est parce que leurs âmes sont si éloignées qu'elles ne s'entendent plus. Alors que quand on comprend quelqu'un, même si on n'est pas toujours d'accord, on peut parler calmement.

Si un jour, quelque chose dérape, par exemple, que ton conjoint te dit : « Ouah, t'es vraiment con », il ne faut pas laisser passer. Ne te laisse jamais dénigrer. Parce que si on ne pose pas les limites immédiatement, la phrase risque de revenir, puis les insultes devenir de plus en plus fortes. Surtout, ne rentre pas dans un miroir où ça va être à celui qui crie le plus fort ou qui répond à une insulte par une autre. Aucun de vous ne peut gagner à ce jeu, et encore moins ta relation. Reste calme et dis quelque chose comme : « OK, j'ai entendu ce que tu viens de me dire, ça ne me va pas. Donc je vais aller faire ce que j'ai à faire, et quand tu te seras rendu compte que tu as été trop loin, tu sauras où me trouver pour me présenter tes excuses. » Expliquer les choses comme ça, ça peut changer une vie.

La personne qui partage ta vie fait partie de ta réussite, de ta motivation, du fait d'atteindre une liberté physique et psychique. Tu ne peux pas être 100 % toi si ça ne va pas dans ton couple. J'ai longtemps cru que c'était possible. Eh bien, je peux t'assurer que ça n'arrive jamais. Tout ceci pour te dire, si tu as des doutes : non, tu ne dois pas accepter de rester avec quelqu'un parce qu'« on passe quand même de bons moments parfois » ! Ce n'est pas suffisant. Se disputer tous les trois jours, ce n'est pas normal, se sentir seul non plus, ne pas être soutenu encore moins. Tu mérites une relation saine. Et ça marche dans les deux sens. Comporte-toi avec respect et bienveillance, de la manière dont tu voudrais que la personne de ta vie se comporte avec toi. Lorsque deux personnes partagent les mêmes valeurs et la même volonté de construire quelque chose ensemble, c'est là que ça peut matcher.

ÉDUQUE TES ENFANTS AVEC RESPECT ET BIEN-VEILLANCE

27.

Je t'entends te demander : « Mais qu'est-ce que ce chapitre fait dans ce livre ? Allison n'est pas une spécialiste en parentalité ! » Non, mais je suis un parent et c'est une grande part de moi. Dans ce livre, je te raconte les choses comme je les ressens, comme elles me viennent, et il me semble primordial de te parler de ce sujet qui me tient à cœur. Et la manière dont tu te comportes avec les enfants – les tiens ou ceux des autres – dit beaucoup de tes valeurs et qui tu es.

Cela faisait un mois que j'avais 23 ans quand j'ai accouché de mon fils. On a mis Gianni sur moi et terminé, bonsoir, débrouillez-vous. Je savais le laver parce que j'avais fait un BEP sanitaire et social et que, pendant la première année, j'avais appris comment donner les soins aux nouveau-nés. Par contre, aucune info ni aucun conseil sur comment me comporter avec lui. Or, je pense que ce qui est plus important que l'hygiène, c'est la santé mentale de nos enfants. Les premières années de vie sont fondamentales pour leur développement et je trouve que ce n'est pas assez mis en avant.

Les enfants, c'est notre futur, c'est le monde de demain. Non, ce n'est pas pour faire une belle phrase que je te dis ça ! C'est 100 % la réalité ! Nos enfants vont grandir. Mon fils a 13 ans, il aura bientôt 18, puis 20 ans, il va travailler, il aura son chez-lui et il va se comporter avec ses proches, ses collègues ou avec les gens qu'il croise dans la rue de la même manière que je me suis comportée avec lui et avec les autres. On est les modèles des enfants car ils apprennent par mimétisme et passent du temps avec nous. Si on n'est pas bienveillant avec eux, ça crée des futurs adultes qui manqueront de bienveillance, et ça ne tire pas le monde vers le haut.

La première chose indispensable à comprendre, selon moi, c'est qu'élever un enfant en lui criant dessus, ça ne sert à rien. Il comprend beaucoup mieux quand on explique les choses dans le calme. Je pense que j'ai disputé mon fils dix fois dans sa vie, alors qu'il a 13 ans. Je n'ai jamais eu besoin de hausser le ton, et pourtant, je me suis retrouvée seule avec lui à partir de ses 1 an et demi. D'ailleurs, en parlant de crier, comment veut-on qu'un enfant s'apaise si on lui dit « calme-toi » en criant ? C'est contre-productif ! Si on veut qu'un enfant agité ou surexcité se calme, donnons l'exemple et établissons un climat serein. C'est comme si tu me disais : « Je ne comprends pas. Je ne fais que m'engueuler avec ma femme et ça ne marche pas entre nous. » Tu vois l'absurdité ?!

On ne se permet pas de crier sur nos amis, notre famille ou nos collègues, alors pourquoi le ferait-on avec nos enfants ?

Je vais te donner un exemple. Si tu veux apprendre à un jeune enfant qu'on ne peut pas traverser la route n'importe comment, ça ne sert à rien de lui dire d'un ton sec « ne traverse pas la route ! » tout en le tirant par la main. Moi, ce que je faisais (et qui a marché), c'est que j'expliquais calmement : « Tu vois, Gianni, là, il y a le trottoir. Nous, il faut qu'on marche sur le trottoir. Et si on traverse, on le fait sur le passage piéton parce que les voitures qui passent sur la route, ça peut être dangereux. Si on traverse et qu'une voiture ne nous voit pas et nous percute, c'est très grave, on va à l'hôpital. Voilà pourquoi il faut rester sur le trottoir. » Pour un tout-petit, évidemment que ça ne va pas marcher du premier coup et tout le temps. Son cerveau est encore en plein développement, il n'a pas notre maturité, c'est aussi à nous d'assurer sa sécurité. Mais en lui expliquant comme ça quelques fois, Gianni a intégré qu'il fallait rester sur le trottoir. Si on se met à hurler, ça fait peur à tout le monde et le cerveau disjoncte en mode panique, il ne sait même plus ce qu'il doit faire, et c'est plus dangereux qu'autre chose.

Les enfants comprennent beaucoup de choses, et il faut leur parler. Certains pensent encore que les bébés ne comprennent rien. Mais c'est faux, ils ressentent tout à leur façon, ils sont sensibles aux émotions et à l'humeur de leurs parents. C'est pour ça qu'il ne faut pas hésiter à leur expliquer ce qu'il se passe. (Sans compter que verbaliser est aussi une manière de les faire peu à peu entrer dans le langage, c'est très bon pour leur développement !) Il ne faut pas se dire que, parce qu'ils sont jeunes, ils ont moins d'importance que les adultes.

Quand je me suis séparée de son père, Gianni avait 1 an et demi. Ça faisait peut-être un ou deux jours qu'on était tous les deux. Je nous revois encore : il était en train de pleurer et de crier. Je l'ai assis sur l'îlot de la cuisine, et je lui ai dit : « Bon, Gianni, maintenant, c'est toi et moi à la maison. On va faire les choses en équipe, ça va être cool, il faut écouter les consignes, tout va bien se passer. » Et après, ça a été fluide.

La plupart des enfants n'aiment pas que leurs jeux soient cassés, et certains explosent parce qu'ils ont abîmé leur petite voiture. Transpose ça à ta vie : si tu rayes ta voiture, tu vas considérer que tu as de bonnes raisons de t'énerver, non ? (Bon, en l'occurrence, vu l'état de ma voiture, moi, je m'en moque !) Et pourtant, tu es un adulte ! Si un jeune enfant a peur le soir, ou qu'il hurle parce qu'il ne trouve plus son doudou ou parce qu'il est tombé, au lieu de lui dire d'arrêter son cinéma, rappelons-nous qu'il est jeune.

Mettons-nous à la hauteur des enfants.

Ne minimisons pas leurs réactions. Elles sont proportionnelles à leur âge et à leur capacité à faire face à leurs émotions. Oui, c'est un réel déchirement pour lui que son doudou ne soit plus là, ou que les petits cailloux qu'il avait précieusement mis de côté dans sa poche aient disparu. C'est une vraie peur qui l'empêche de fermer l'œil. Imagine, ton conjoint fait un cauchemar et se réveille en sursaut, tu vas le réconforter, non ? Alors pourquoi considères-tu que c'est un caprice d'enfant ?

Attention, ça ne veut pas du tout dire qu'il faut tout lui passer. Au contraire, un enfant a besoin d'un cadre stable et de limites, ça le sécurise. Mais toujours dans le respect, la bienveillance et la cohérence. Un enfant ne va pas plus aimer ses parents parce qu'ils le laissent tout faire, lui achètent plein de cadeaux et le laissent manger plein de bonbons. Au contraire, je pense même qu'il s'épanouit mieux quand il y a des règles. Alors, oui, il va sûrement râler de temps en temps (comme toi, d'ailleurs, si une règle ne te plaît pas !), surtout au début s'il n'a pas eu l'habitude d'en avoir avant. Mais tout ça va se réguler au bout de quelques jours et tu verras à quel point ta famille sera plus apaisée.

Il y a un autre point important dont je voulais te parler : attention aux étiquettes qu'on colle aux enfants, souvent sans nous en rendre compte. Choisissons soigneusement les mots qu'on va employer pour parler à notre enfant ou de lui quand il est dans la même pièce. Il entend tout, et les mots vont impacter la manière dont il va se comporter. Si tu dis par exemple à quelqu'un qui te fait remarquer que ton fils est plein d'énergie : « Oui, il est hyperactif », à force d'entendre ça, même les enfants qui ne le sont pas vont devenir turbulents pour se conformer inconsciemment à cette description. C'est la même chose avec d'autres caractéristiques, comme avec cette phrase : « Ah c'est ma fille, elle est timide, c'est normal qu'elle ne dise pas bonjour. » Si la petite fille entend toujours qu'elle « est timide », c'est sûr qu'elle va l'être et ça ne va pas l'aider à dire bonjour plus facilement. Et même en grandissant et en devenant adulte, elle peut avoir ce réflexe de penser : « Je suis timide donc je n'ose pas. » Au contraire, plus on va valoriser ce que l'enfant fait de bien, même des petites choses (sans en faire trop non plus, l'idée n'est pas qu'il ait un ego de fou et que ça crée des problèmes dans sa vie !), cela va l'encourager à continuer dans cette voie, l'aider à prendre confiance en lui et l'entraîner à voir le positif.

Comme tu le sais, j'ai fait deux ans sur les marchés et j'ai vu et entendu plein de choses. Le pire pour moi, c'est quand j'entendais un parent dire : « Mais t'es bête… », voire des mots encore plus vulgaires et violents, pour désigner leurs enfants. C'est tellement impactant ! Je me souviens encore d'un petit de 3 ou 4 ans qui avait perdu ses lunettes de vue, et de sa maman qui hurlait quelque chose comme : « Mais ça fait deux fois ce mois-ci, t'es vraiment con, c'est pas possible ! Je m'en fous, maintenant tu restes sans lunettes. C'est ta vie, si tu n'y vois rien, c'est pas mon problème. » J'étais paralysée, choquée. On ne peut pas parler aux enfants comme ça. Personne ne fait exprès de perdre ses lunettes, enfant ou adulte d'ailleurs. C'était aux parents de prévoir un cordon à mettre autour du cou pour justement qu'il ne les perde pas, par exemple. À cet âge, les enfants n'ont pas la même notion que nous de faire attention à leurs affaires, c'est un apprentissage qui prend du temps. Cette scène m'a perturbée et j'y ai beaucoup pensé. C'est aussi pour ça que je prends la parole ici, pour partager ce que j'ai appris, mon expérience et mes observations.

Parler poliment à un enfant ou ne pas le dénigrer ne va pas faire de lui un enfant roi ! Au contraire, c'est lui inculquer des valeurs de respect mutuel dès son plus jeune âge.

En tant que parent, on a une énorme responsabilité et c'est passionnant d'accompagner son enfant sur le chemin de la vie. Un jour, Gianni m'a demandé : « Mais au fait, c'est quoi, être végétarien ? » Je lui ai expliqué en étant la plus objective possible. Et il m'a dit : « Moi, ça ne me va pas de manger de la viande », et je lui ai dit : « OK. » Il faut savoir que moi, je ne suis pas du tout végétarienne ! Mais c'était son choix, basé sur sa sensibilité et sa réflexion, et ça me paraissait important de le respecter.

Une autre fois, il est rentré en me disant : « À l'école, on parle de Dieu. Est-ce qu'il faut y croire ou pas ? » Je lui ai répondu : « Il n'y a pas de "il faut" ou "il ne faut pas", chacun a le droit de faire comme il veut. Et ce n'est pas parce que les parents pensent une chose que les enfants doivent penser exactement pareil. » Nos enfants ne nous appartiennent pas, ce sont des êtres humains à part entière. Mais c'est à nous de leur donner de bonnes habitudes, de les aider à ouvrir leur esprit, de les sensibiliser au monde qui les entoure, tout en respectant leurs propres choix.

Notre but, en tant que parent, c'est que nos enfants deviennent autonomes et épanouis. C'est quelque chose qui a toujours résonné en moi. Je ne sais pas si c'est parce que j'ai été mère célibataire très jeune, mais je me suis toujours dit : j'élève mon fils de manière à ce que, s'il m'arrive quelque chose et que demain je ne suis plus là, il puisse être un maximum autonome. Bien sûr, j'ai toujours adapté cela à son âge. Par exemple, avant qu'il sache lire l'heure, on peut dessiner au feutre sur le réveil l'heure à laquelle on se brosse les dents ou on va dormir. L'enfant apprend petit à petit à gérer son temps et il est fier de lui. Après, tu ne vas pas te mettre à râler sur un petit de 4 ans parce qu'il est tard et qu'il n'est toujours pas couché ! C'est évidemment aux parents de faire en sorte que l'enfant ait un mode de vie sain.

Je suis convaincue qu'il faut encourager les enfants, leur dire qu'ils peuvent être fiers d'eux, plutôt que de leur répéter que nous, on est fiers d'eux.

Bien sûr, on peut leur dire, mais c'est important qu'ils apprennent aussi à faire les choses pour eux, pour se sentir bien, et pas pour nous faire plaisir. Et leur dire et leur répéter : c'est possible, tout est possible.

Je suis également convaincue que les enfants progressent mieux lorsqu'il y a un aspect ludique et j'en ai eu la preuve il y a quelque temps. On est allés faire du ski en famille, mon fils, mon conjoint et sa fille, Mila. Nos enfants étaient inscrits pendant la semaine aux cours collectifs en fonction de leur âge. Mais pour Mila, c'était plus compliqué. Le moniteur, qui devait gérer un gros groupe de débutants, a préféré la laisser de côté. Résultat : elle n'a pas reçu sa médaille.

Le dernier jour, j'avais déjà tout préparé pour le retour, on était en plein rangement, et j'ai dit à mon conjoint : « On ne peut pas repartir comme ça, sur un échec. Il faut qu'elle garde un bon souvenir de ses vacances au ski. Laisse-moi faire, je vais tenter quelque chose. » Moi je me souvenais du moment où j'avais appris, à 27 ans, sur une piste artificielle en intérieur, à côté de Metz. À part tomber tout le temps et avoir froid, je ne faisais pas grand-chose d'autre. C'était plutôt désagréable et je n'ai pris aucun plaisir. Jusqu'à ce que je dépasse cette étape et que je n'aie plus à me concentrer sur les mouvements. À partir de là, et en allant en station, j'ai commencé à vraiment prendre du plaisir et à me dire que, finalement, c'était cool ! Je ne voulais pas que Mila reste sur cette mauvaise impression.

Avec mon conjoint et Gianni, on est donc repartis tous les quatre vers les pistes. Mon fils et elle avaient leurs skis, moi j'avais de gros après-ski aux pieds (alors c'est cool, ça tient chaud, mais c'est épuisant de marcher avec ça sur la neige !). On s'est installés sur le bas d'une piste verte, là où c'est quasiment plat. J'ai regardé la fille de mes amis et je lui ai dit, très sérieusement : « Tu penses que si je recule de deux pas, tu vas pouvoir me rejoindre ? » Elle m'a regardé comme si je disais n'importe quoi et m'a fait : « Ben oui, évidemment ! » Alors je lui ai proposé : « Et si on fait cinq pas, ce n'est pas trop dur ? » Comme je l'espérais, elle m'a répondu : « Quand même, oui ! » Alors on a commencé comme ça, en partant du plus petit possible. Naturellement, ça l'a fait rire, et quand elle a commencé à glisser, elle était contente d'avoir réussi. Puis, on a continué : « Bon, et maintenant, si on fait dix pas, c'est possible ? Mais tu ne vas pas plus vite que moi, hein, avec mes grosses bottes, je n'arrive pas à avancer ! » Puis, quand elle a pris confiance, je lui ai dit en riant : « Ah non non, tu ne vas pas me rattraper ! » Et on a recommencé, encore et encore. On est montés de quelques mètres, et elle a commencé à descendre la piste verte, cinq mètres, dix mètres, etc. Jusqu'au moment où c'était devenu trop haut pour que je remonte à pied. Alors c'est Gianni qui a enchaîné : « Attends, non, tu ne peux pas prendre le tapis remonte-pente, c'est pour les grands. » Bien sûr, elle l'a suivi en rigolant (c'était le but, tu t'en doutes). Et c'est comme ça qu'elle a pu descendre sa première piste en s'amusant. Quand je l'ai vu arriver avec le sourire, quel bonheur ! Et ensuite, elle a recommencé je ne sais pas combien de fois.

C'est à nous, adultes, de trouver comment aider les enfants à se débloquer, en n'hésitant pas à décomposer les étapes jusqu'à avoir des choses tellement petites et simples qu'elles nous paraissent absurdes. C'est ça qui va permettre de rassurer l'enfant et le mettre en confiance ! Ce n'est pas en leur disant : « Regarde untel, lui, il y arrive » que ça va les aider, ni en les disputant. Quand on entre en opposition, on est perdants. Par le jeu, on va beaucoup plus loin, et avec tellement plus de joie et de légèreté ! Ça fonctionne vraiment et ça change les relations parents-enfants.

Je m'arrête là car je pourrais continuer sur des pages et des pages ! J'espère que tous les exemples que je t'ai donnés te permettent de comprendre cette conviction que j'ai : on doit respecter les enfants autant qu'on respecte les adultes, leur offrir un cadre rassurant pour s'épanouir et développer leur autonomie. Sans oublier que ce sont des enfants, qui réagissent avec la maturité (ou justement l'absence de maturité) de leur âge. Comportons-nous avec bienveillance pour qu'ils soient des adultes de demain alignés et bienveillants.

PRENDS DE LA **HAUTEUR**

28.

Dans une situation stressante ou conflictuelle, on a tendance à réagir sur le coup, sans prendre de recul et sans réfléchir aux conséquences de notre réponse à chaud. Je suis sûre que tu en as fait l'expérience, quand tu te prends la tête avec un pote au téléphone ou par message, ou que tu reçois un e-mail pro qui t'énerve. Il n'en sort jamais rien de bon…

Être capable de faire un pas de côté plutôt que de te laisser embarquer et enfermer dans tes émotions fait partie des plus grandes qualités que tu puisses avoir. Prendre de la hauteur va te permettre de voir la vie sous un autre angle. Lorsque j'ai compris cela, ma vie s'est totalement transformée. Je suis passée d'un état où je subissais les contrariétés et les déceptions à un état où elles me permettaient de m'élever un peu plus à chaque fois.

Je t'explique. Toutes les émotions qui te traversent sont naturelles, mais c'est ensuite que tout se joue : elles deviennent ce que toi tu les laisses devenir. Imagine, quelqu'un te rentre dedans en voiture. C'est normal de ressentir de la colère. Mais la réaction qui va en découler ne dépend que de toi : est-ce que tu vas être agressif et hurler, ou plutôt respirer un grand coup, et te dire que c'est comme ça, que la vie est imprévisible, que ce n'est pas grave car il n'y a pas de blessé, et que peut-être que cet accident va t'apporter quelque chose de positif dont tu ne te rends pas encore compte ?

Tout est une question de point de vue. Comment choisis-tu de voir la vie ?

Quelle que soit la situation, ne réagis pas précipitamment. Prendre une décision ou répondre quand on est en stress ou en colère, ça n'est jamais constructif. Prends ton temps. Sors de la situation, laisse passer quelques heures jusqu'à te sentir à nouveau posé et capable de réfléchir hors de l'émotion. Tu vas alors avoir une perspective différente. Tu ne penses plus de la même manière, tu es à nouveau en pleine possession de tes moyens. Ce n'est plus l'émotion qui te dirige, mais toi qui contrôles la façon dont tu réagis. Pour les émotions plus intenses, tu auras sans doute besoin de plus de temps, mais la logique est la même. À toi de mettre des choses en place qui te font du bien pour t'en libérer (sport, méditation, en parler avec un professionnel et/ou des proches, etc.).

NE DIS PAS **« DÉSOLÉ »**, DIS **« MERCI »**

29.

Dans la vie de tous les jours, il ne faut pas que tu t'excuses. Bon, dis comme ça, ça peut paraître un peu violent ! Mais attention, ça ne veut absolument pas dire être malpoli.

Laisse-moi t'expliquer avec un exemple simple. Tu arrives en retard à un rendez-vous – je pense que tu arrives assez facilement à te projeter dans cette situation (sauf si tu fais partie de cette fascinante minorité de gens qui sont à l'heure quoi qu'il leur arrive). Là, naturellement, tu vas dire à la personne qui t'attend : « Excusez-moi », « Désolé » ou encore « Pardon ».

Stop, arrête le carnage ! Tu te mets en position de victime. Tu n'es pas un petit enfant qui va se faire gronder par un adulte car il a fait une grosse bêtise. Non, tu ne t'excuseras pas, cependant tu vas remercier la personne. (Là, je t'entends penser : mais qu'est-ce que tu racontes, Allison ?!) Je suis sérieuse, tu vas remercier la personne : « Merci beaucoup pour votre patience. » Dans ce cas-là, la situation s'inverse.

Tu passes de la personne qui s'excuse d'avoir fait quelque chose de mal à celle qui complimente. Et ça change tout !

En face de toi, ton interlocuteur était sans doute agacé de ton retard, se disant que lui, au moins, était à l'heure et n'a fait perdre de temps à personne. Soudain, tu changes l'ambiance de la situation. Au lieu de parler de toi, tu parles de lui, tu mets en valeur ses qualités (en l'occurrence sa patience). Très souvent, tu vas voir que cela permet de désamorcer une situation potentiellement tendue. Et vous pouvez repartir sur de meilleures bases.

Tout ce que je te dis là, c'est valable pour les petites choses, celles qui n'ont que peu d'impact sur la vie de ton interlocuteur. Tu peux dire « Merci de votre compréhension » jusqu'à un certain degré. Si ce que tu as fait ou ce que tu as dit a blessé la personne, lui a enlevé quelque chose, l'a perturbée, alors là, oui, il faut être capable de reconnaître tes erreurs et de demander pardon sincèrement.

En utilisant moins le mot « pardon » à toutes les sauces, tu lui redonnes aussi de sa valeur pour les moments où il est nécessaire.

D'ailleurs, c'est fondamental de savoir prendre sa part de responsabilité lorsque quelque chose ne va pas. L'idée n'est pas de s'autoflageller, mais savoir se remettre en question est un signe de maturité. J'avais d'ailleurs lu un jour que c'est ce qui faisait la différence entre ceux qui réussissent et ceux qui échouent. Ceux de la seconde catégorie vont immédiatement dire que si ça ne marche pas, c'est forcément la faute de quelqu'un d'autre, par exemple la conjoncture, ou ce banquier qui a refusé de financer leur projet, ou ce concurrent qui leur a coupé l'herbe sous le pied, ou cet employé qui n'a pas bien travaillé. Alors que s'il m'arrive la même chose, je vais tenter de comprendre la situation, de voir ce que moi, je pourrais faire pour que ça s'améliore. Dans l'exemple de l'employé qui ne convient pas, je vais me dire que je n'ai peut-être pas recruté la bonne personne ou que je ne l'ai pas mise au bon poste. Penser comme ça, ça fait toute la différence !

Un mot, une phrase, peut tout changer… En disant « merci », nous nous retrouvons dans une situation de gagnant-gagnant. C'est dans ce schéma qu'il faut essayer de se trouver dans la plupart des relations humaines, en restant toujours dans le respect de l'autre.

PENSE À L'ENVERS

30.

Un jour, une de mes abonnées m'a envoyé un message sur Instagram qui m'a beaucoup fait réfléchir. Elle me demandait quelles étaient les choses que j'estimais faire différemment des autres et qui faisaient que j'en étais arrivée là aujourd'hui. Je n'en avais pas vraiment conscience, mais, grâce à ce message, je me suis rendu compte que je pensais à l'envers !

Non, je ne mets pas en inversion, les pieds en l'air, lorsque je décide de réfléchir à un sujet particulier (bien que j'adore le yoga). En fait, au lieu de partir du départ pour atteindre l'arrivée, je regarde l'arrivée et je décortique toutes les étapes à franchir depuis le départ pour réussir à l'atteindre.

Là, selon ta manière de penser, soit tu vas me dire : « Ben oui, c'est évident », soit : « Mais qu'est-ce que tu racontes ?! » Laisse-moi t'expliquer. C'est la même logique que celle du rétroplanning dont tu as sans doute déjà entendu parler : lorsque tu as un rendez-vous ou une échéance, tu vas partir de ta *deadline* ou de l'horaire fixé pour t'organiser. Jusque-là, c'est assez courant, mais je vais te donner d'autres exemples où il est moins fréquent de penser à l'envers (et pourtant, c'est très utile, tu vas voir !).

Imagine que la banque vient de refuser ton financement pour l'achat d'un appartement car ton taux d'endettement serait alors trop élevé et que tu ne gagnes pas assez. Au lieu d'accepter ça et d'aller chercher un autre bien moins cher, moi je vais me dire : « OK, pour obtenir ce bien, combien je vais payer de remboursement de crédit par mois ? » Une fois que j'ai cette information, je me demande combien il faudrait que je déclare de revenus chaque année pour que la banque m'accorde ce crédit. Et lorsque j'ai ces chiffres, je me demande ce que je peux mettre en place pour gagner cette somme par an (étant à mon compte, j'ai toujours réfléchi de cette manière) : travailler plus intelligemment, vendre un autre produit, travailler plus parfois, prendre une personne en plus dans mon équipe… Enfin bref, les solutions sont multiples.

Voici un autre exemple de la vie de tous les jours. Lorsque mon fils Gianni avait 3 ou 4 ans, nous allions de temps en temps à la fête foraine. Le plus pénible, c'étaient les jouets qu'il remportait à la pêche aux canards et qui le faisaient pleurer cinq minutes plus tard parce qu'il avait déjà perdu une roue du 4 x 4 ou que le mécanisme était déjà cassé. Du coup, je me suis demandé comment je pouvais me sortir de ce tourbillon infernal de larmes qui était un passage obligé après chaque virée à la fête foraine.

Je me suis posée là, devant le stand de la pêche aux canards, et j'ai regardé tous les lots devant moi : les balles rebondissantes que les enfants perdent en trois minutes, les petites motos à usage unique et les palettes de maquillage où le fard à joues est remplacé par un autocollant rose. Tous ces jeux se trouvent vers le bas. Ensuite, au milieu, tu as toutes les pseudo-peluches (qui ne ressemblent pas vraiment aux originaux quand tu t'en approches un peu). Enfin, lorsque tu lèves la tête, tu vois, en haut des étagères, les lots les plus intéressants du stand : des sacs à dos, des plaids et des gourdes à l'effigie des super héros du moment, ou encore des trottinettes ou des skates. Dans l'ensemble, des lots qui me semblaient plus qualitatifs et plus utiles que le reste, et qui faisaient tout autant kiffer mon fils. J'ai demandé à la gérante du stand combien il fallait de parties pour obtenir un lot du haut de l'étagère et elle m'a répondu : trois. Côté tarif, une partie coûtait 5 € et les trois parties étaient à 12 €. Le calcul a été vite fait, je préférais mettre 12 € dans quelque chose d'utile et de durable plutôt que de mettre 5 € à la poubelle. Aujourd'hui, mon fils a 13 ans et c'est lui qui va automatiquement penser comme ça dans ce genre de situations.

Et en poussant la logique encore plus loin, j'ai envie de te dire : tu galères tous les jours à te garer ? Achète-toi une place de parking !

Adapte ta vie à tes besoins plutôt que de t'adapter à la case dans laquelle on te met. À toi d'agrandir ta case !

Quand quelque chose ne te convient pas, prends le temps de réfléchir. Pourrais-tu faire autrement ? Et si tu prenais le problème à l'envers ? Tu vas voir, c'est fou à quel point tu t'enfermes dans des automatismes si tu n'y prêtes pas attention. Habitue-toi à te questionner sur ce qui t'entoure. Change ta façon de penser et d'agir, et de nouveaux chemins s'ouvriront à toi !

DONNE DES **BONBONS** !

31.

Tu vois les petits bonbons que tu reçois parfois en même temps que l'addition dans les restaurants ? Eh bien, je suis navrée de te l'apprendre, mais c'est une technique marketing qui permet aux restaurateurs de gagner plus d'argent. Une étude menée aux États-Unis a démontré que lorsque les serveurs apportaient un bonbon en même temps que l'addition, les clients laissaient un peu plus de pourboire. Et si le serveur donnait lui-même un deuxième bonbon, le pourboire pouvait monter jusqu'à 20 % de plus ! C'est fou, non ?!

En fait, lorsque tu reçois un cadeau qui semble naturel et spontané, tu es plus à même d'offrir quelque chose en retour : ici, laisser un pourboire, revenir, ou recommander le lieu à ton entourage.

Tout ça s'appuie sur le principe de réciprocité, et c'est la même logique qui s'applique aux relations en général. Le plus souvent, on n'en a pas conscience car c'est quelque chose de tout à fait naturel ! Imagine, ton meilleur ami déménage, tu ne vas pas te poser de question, tu vas l'aider parce que c'est ton ami. Tout comme tu sais que, si tu as besoin de quoi que ce soit, ton ami sera aussi là pour toi.

Que ce soit spontané ou réfléchi, plus tu donnes, et plus tu es susceptible de recevoir en retour. Je crois à ce cercle vertueux de la réciprocité : le bon t'apporte du bon.

FIXE-TOI DES **OBJECTIFS PRÉCIS**

32.

Se fixer des objectifs, ça semble être le dernier conseil à la mode, et peut-être que tu ne trouves pas ça particulièrement efficace. La clé se trouve dans la manière dont tu vas définir tes objectifs. Non, vraiment, ça peut tout changer. Crois-moi, je suis passée par là moi aussi. Je me suis rendu compte que lorsque je me fixe des objectifs clairs et détaillés, que je les note et que je les ai sous les yeux tout le temps, j'arrive à aller beaucoup plus loin que les fois où je me suis laissé porter par le vent.

Je vais te raconter ce qui m'est arrivé pour que tu te rendes compte de la différence énorme que cela peut faire. Il y a quelques années, j'ai créé une société. Au début, je l'ai laissé avancer tranquillement, sans vraiment avoir d'objectif, si ce n'est celui d'être rentable et de progresser d'une année sur l'autre. Je ne me souviens plus exactement des valeurs, mais en gros, mon chiffre d'affaires tournait autour de 20 000 € la première année et de 27 000 € la deuxième.

La troisième année, j'ai voulu aller plus loin et j'ai décidé de me fixer un réel objectif, chiffré. Pour faire ça, j'ai regardé l'énergie que j'avais dépensée au cours des deux dernières années (autant te dire que j'avais l'impression de ne pas m'être trop foulée), ainsi que la demande qu'il y avait sur le marché pour le produit que je proposais. J'ai donc déterminé que cette troisième année, j'allais atteindre les 500 000 € de chiffre d'affaires. Oui, ça peut paraître fou, c'est presque 200 % de plus que l'année précédente. Eh bien, tu sais quoi ? Je l'ai fait, et même deux fois, en finissant à 1 200 000 € !

Mais le pire dans tout ça, c'est plutôt le résultat de la quatrième année. Comme j'avais l'impression d'être la reine du monde avec un chiffre d'affaires qui avait littéralement explosé, je ne me suis fixé aucun objectif. En fin d'année, je n'étais plus qu'à 200 000 €. Oui, tu as bien lu : sans objectif clair, j'ai perdu 80 % de mon chiffre d'affaires.

Ça m'a fait prendre conscience de deux choses hyper importantes. La première : ne pas avoir peur d'être ambitieux. La seconde : en affichant des objectifs clairs et précis, on va beaucoup plus loin.

Si ton objectif est juste dans un coin de ta tête, vague, c'est sûr qu'il ne sera pas assez fort pour te donner l'énergie d'aller le chercher. Tu pourrais me répondre : qu'est-ce que ça change du moment que je fais de mon mieux ? En fait, ça change beaucoup, parce qu'avec un objectif à atteindre, ton énergie est focus, elle est donc beaucoup plus forte et efficace. Tu te donnes une trajectoire, tu sais où tu vas.

Peu importe l'ampleur de ton objectif pour commencer. Ne te censure pas. L'exercice va ensuite être de décortiquer les étapes. Si ton but professionnel est de créer une société qui fasse un chiffre d'affaires de 500 000 €, tu ne vas pas te dire : « OK, je vais créer ma boîte et, dès le premier mois, je vais dégager 40 000 €. » Là, tu vas te trouver face à une montagne immense et tu risques de te dire que tu n'arriveras jamais à la gravir. Maintenant, si tu cherches à décortiquer les choses, tout va te paraître bien différent. En fait, le principe va être de faire ton chemin pas à pas, concrètement, pour que chaque étape vers ton objectif soit réaliste et réalisable. Si ce n'est pas le cas, c'est que tu n'es pas encore assez allé dans le détail.

Et n'oublie pas non plus que les choses prennent du temps. Dans mon cas, j'ai mis un an et demi pour passer de 10 000 à 100 000 followers sur mon Instagram, et je n'ai pas lâché de vue mon objectif pendant toute cette période. Au début, ça ne bougeait pas trop, mais j'ai continué à suivre ma stratégie. J'y ai mis toute mon énergie. Et un jour, l'algorithme m'a fait gagner 35 000 abonnés en un mois ! Mais ce n'est pas par hasard, cela faisait déjà un an que je mettais des choses en place. Par exemple, j'avais déterminé le nombre de posts et de *reels* que j'allais faire chaque semaine, et quelle serait la proportion de publications traitant de l'immobilier. J'avais réfléchi également aux contenus de toutes ces publications. Ensuite, j'analysais les résultats, autant côté quantitatif (combien de vues faisaient mes posts) que qualitatif (comment réagissaient mes followers). Je voyais ce qui fonctionnait, et j'adaptais mon plan. Il y avait des moments où ça marchait moins bien, mais je ne me laissais pas déstabiliser. Je me remettais en question et je réajustais. Mais en aucun cas je n'ai arrêté, jusqu'à ce que j'atteigne mon objectif principal.

Pour ne pas lâcher, il faut que j'aie l'objectif et la source de motivation sous les yeux. Pour ça, je mets mon objectif en fond d'écran de mon téléphone et j'ai un tableau de visualisation. L'idée, c'est de prendre un grand tableau, un cadre ou une grande feuille, sur laquelle tu vas mettre tout ce qui t'inspire. Dans mon cas, tu vas y trouver le style d'immeuble que je veux acheter, la voiture que j'ai envie d'avoir, là où j'ai envie de partir en vacances, quelle relation j'ai envie d'avoir avec mon enfant, etc.

Avec ton tableau de visualisation, tu peux diriger chacune des actions vers ton objectif en l'ayant toujours sous les yeux, pour justement te rappeler pourquoi tu fais tout ça.

Il te permet aussi de faire des points d'étape : est-ce que je suis sur le bon chemin pour atteindre ça ? Qu'est-ce que je peux faire pour aller vers mon objectif ? En fait, ça t'aide à être plus impliqué. Tu peux voir ça comme une sorte d'automanipulation ou autopersuasion vers ton objectif !

Prends le temps de réfléchir à tes objectifs : quel est ton *goal* ? Je t'ai donné ici des exemples de business, mais c'est intéressant de se poser la question pour tous les domaines de ta vie : amicalement, professionnellement, amoureusement, financièrement, etc. Où veux-tu aller ?

Pose tous tes objectifs à l'écrit et n'aie pas peur d'en fixer des gros. Comme disait Ellen Johnson Sirleaf :

« La taille de vos rêves doit toujours dépasser votre capacité à les réaliser. Si vos rêves ne vous font pas peur, c'est qu'ils ne sont pas assez grands. »

NE CHERCHE PAS LA **PERFECTION**

33.

Chez moi, j'ai une affiche de Loïc Prigent qui dit :

« La perfection, c'est la fin de tout. »

Qu'est-ce que je suis d'accord avec ça !

Tu sais quoi ? Tout n'a pas besoin d'être parfait. Je suis désorganisée, fainéante[12] et je pratique la procrastination à haut niveau. Pourtant, je me suis lancée dans tous les projets qui me faisaient envie, et j'ai toujours réussi à atteindre mes objectifs. Je me suis mise à mon compte sans rien comprendre à la gestion d'une société. J'ai réalisé mes premiers investissements immobiliers sans savoir investir. J'ai rénové des immeubles entiers alors j'étais loin d'être une spécialiste du sujet. J'ai commencé à animer des conférences devant des centaines de personnes alors que j'étais stressée à l'idée de parler en public. J'ai commencé à écrire mon premier livre de 200 pages alors que je n'avais aucune idée de comment faire. Aujourd'hui encore, je mets en vente des biens avant même qu'ils soient prêts et je m'arrange pour les finir dans les dix jours qu'il reste avant la première visite. En bref, je ne suis jamais prête, mais ça passe toujours.

12. Ça t'interpelle ? Va (re)lire la clé « Fais de tes défauts tes superpouvoirs », p. 22 !

Crois-moi, tu n'es pas moins bien placé qu'un autre pour réussir.

L'autre jour, je discutais avec une connaissance qui me disait : « J'ai envie de lancer une page Instagram sur un sujet qui me plaît, mais j'attends que tout soit parfait avant de commencer. » Désolée de te décevoir, mais ça ne sera jamais parfait. Je ne te dis pas de te lancer sans réfléchir du tout, en mode inconscient qui joue tout au casino ! Mais quand tu sais où tu veux aller, que tu as pris le temps de préparer ton projet, il faut oser passer à l'action. Même si on ne fait pas parfaitement, on avance, c'est ça le plus important. Vouloir bien faire, c'est une bonne chose, mais être paralysé parce que ce n'est jamais assez, là ça commence à poser un sérieux problème. Arrête d'attendre. Se lancer avant d'être prêt, c'est parfois le seul moyen de l'être.

Pour reprendre l'exemple d'Instagram, même si ton premier post aura 2 *likes*, il faut bien commencer par quelque chose. Tu n'auras jamais la photo parfaite ou le texte parfait, alors lance-toi. Tu auras toujours des gens pour critiquer et dire : « Oh, ça ne marche pas, elle n'a que 2 *likes*. » OK, peut-être, mais celui qui critique, il est probable qu'il n'ait jamais fait de post de sa vie. Et en plus, elle sert à quoi, cette critique ? Donc on s'en fiche, ne l'écoute pas[13].

---

13. Je sais que ce n'est pas toujours facile. Pour savoir comment faire, retourne p. 105.

Moi je te dis : quand tu fais, dans tous les cas, tu gagnes. Tu sais, même quand tu as l'impression que ce que tu as fait n'est pas top, parfois, ça fonctionne quand même. Peut-être que ton exigence était trop élevée, ou que c'est un aspect que tu n'avais pas considéré qui a plu. Et au pire, si ça ne marche pas, ça te permet d'avoir déjà une première expérience, c'est toujours formateur.

N'oublie jamais : un investisseur ne jugera jamais une personne qui achète son premier appartement, un écrivain ne jugera pas une personne qui s'essaye à l'écriture de son premier ouvrage, et un millionnaire ne blâmera jamais une personne qui tente de gagner son premier million. Seuls ceux qui n'ont rien fait le feront. J'adore cette phrase, je trouve qu'elle fait beaucoup de bien au moral.

Arrête de te poser trop de questions, arrête de trop réfléchir. Plus tu vas chercher à anticiper absolument tout, moins tu vas avoir tendance à passer à l'action. Ça te fait rentrer dans un cercle vicieux infernal qui te confronte à tout ce qui pourrait potentiellement mal se passer. Sauf qu'en faisant un gros zoom sur les problèmes, tu oublies d'un côté que la probabilité que quelque chose n'aille pas est faible, et de l'autre, tous les trucs cool qu'il pourrait y avoir.

« Jusqu'où irais-tu si tu savais que tu ne pouvais pas échouer ? »

Il n'y a pas de bon ou de mauvais moment. Tu es capable de faire tout ce que tu souhaites, il suffit que tu fasses ce premier rendez-vous, que tu passes ce premier appel, que tu fasses ce premier pas qui va t'amener là où tu le souhaites.

INVENTE TA PROPRE **ROUTINE**

34.

Faire les mêmes choses tous les jours à la même heure, c'est compliqué pour moi, alors je ne sais pas si je suis la mieux placée pour te parler de routine ! Depuis plusieurs mois, je teste une technique qui fonctionne plutôt bien pour moi : j'ai listé les tâches importantes à accomplir de manière récurrente, mais je ne me mets pas d'heure à respecter, je les fais selon mon envie du moment. Par contre, tout doit être fini avant la fin de chaque journée.

Pour te donner une idée, ma routine ressemble à ça en ce moment :

- [ ] Faire 1 heure de sport
- [ ] Travailler 4 heures sur mon business
- [ ] Faire 30 minutes d'anglais
- [ ] Lire 10 pages d'un livre
- [ ] Boire 2 litres d'eau

J'écris les choses à faire dans les notes de mon téléphone ou sur mon agenda papier et je coche une nouvelle case dès que c'est réalisé.

Quand je regarde tout ce que j'ai déjà coché, j'éprouve un sentiment de satisfaction et d'accomplissement qui me fait du bien.

Concentre-toi sur ce que tu dois faire maintenant, pas la semaine prochaine.

Je m'adapte aussi en fonction de mon planning car mon organisation ne me permet pas toujours de suivre cette routine cinq jours par semaine. Et puis, on n'est pas des machines et on peut s'octroyer quelques jokers de temps en temps !

Je sais que chacun est différent, peut-être que toi, tu préfères avoir des horaires fixes. Le meilleur conseil que je puisse te donner, c'est de tester et de voir ce qui fonctionne le mieux pour toi. Si tu te rends compte que, jour après jour, tu n'arrives pas à boucler ta routine, commence par ajuster ta liste de tâches avant de te dire que ce n'est pas pour toi ! Le but d'une routine, c'est de te permettre d'avancer efficacement sur tes objectifs, et d'aller plus loin, plus vite. Bref, c'est un outil qui doit t'aider !

Pour trouver tes tâches quotidiennes, reprends tes objectifs et identifie les étapes intermédiaires. Ensuite, c'est le pouvoir des habitudes ! Je suis arrivée à un stade où, lorsque je ne fais pas de sport pendant plus de deux jours d'affilée, je ressens un manque. Comme quoi, la routine, ça marche !

NE **GÂCHE PAS** TON **ÉNERGIE** INUTILEMENT

35.

On va imaginer les choses le plus simplement qui soit. Dans ta journée, ton énergie est comme la batterie de ton portable. Tu es à 100 % de charge au début de ta journée (un peu moins si tu as fait la fête la veille !), et tu dois décider comment l'utiliser chaque jour, sans te retrouver dans le rouge, ou pire, complètement déchargé.

Est-ce que tu décides d'ouvrir l'application Jeux et d'utiliser 20 % de ta batterie ? Est-ce que tu vas sur Instagram pour scroller au hasard et utiliser 25 % de batterie ? Appeler ta meilleure pote pour parler en visio pendant une heure de la robe que portait ta collègue hier et vider encore 30 % de batterie ? Ou tu préfères ouvrir YouTube pour suivre un cours de sport, Yucca pour vérifier ce que tu manges ou encore Audible pour écouter un livre audio ?

Chaque fois que tu utilises ton temps pour critiquer ou juger quelqu'un, tu perds de l'énergie que tu pourrais mettre pour augmenter le niveau de ta propre vie. Chaque fois que tu passes du temps à te plaindre de quelque chose que tu ne peux pas changer, comme la météo par exemple, c'est du temps qui est jeté par la fenêtre et qui ne revient pas.

100 % de batterie, ça part vite, très vite même. Alors pose-toi chaque soir la question de ce que tu vas faire de ta batterie le lendemain.

Tu n'en as pas marre que ta vie soit en mode « batterie faible » ?

Tu t'en es sûrement déjà rendu compte, la batterie de ton portable peut plus ou moins bien garder la charge en fonction de son état. Eh bien, c'est pareil pour toi ! Ton énergie peut aussi être pompée par ton entourage.

J'ai une amie qui traversait une période difficile dans sa vie. Elle ne savait pas vers quoi se diriger, quel métier exercer, quels choix faire. Elle était totalement perdue. Au cours de nos discussions, je m'étais aperçue qu'elle était très mal entourée : son conjoint, avec qui elle passait le plus clair de son temps, voyait de la négativité partout. Sa mère, avec qui elle était au téléphone plus d'une heure par jour, n'arrêtait pas de se plaindre que la vie était difficile et que seuls les riches pouvaient s'en sortir. Quant à sa cousine, de qui elle était très proche, elle ne faisait que critiquer toutes les personnes autour d'elle. Un jour, on était ensemble au téléphone et elle m'a dit : « Je ne comprends pas ce qui ne va pas chez moi ! » Et je lui ai répondu : « Parfois, ce qui ne va pas chez nous, c'est quelqu'un d'autre. »

Tous les échanges que tu as au cours d'une journée comptent. Le livreur qui te dépose un colis et te sourit te donnera de l'énergie positive pour ta journée, alors que celui qui le fait en râlant sur toi car il ne trouvait pas ta maison te laissera de l'énergie négative.

Entoure-toi de gens qui te tirent vers le haut, qui te font te sentir heureux et léger, plutôt que lourd et déprimé.

Rappelle-toi d'une chose : il vaut mieux se concentrer pour faire évoluer ce que l'on souhaite dans sa vie plutôt que de perdre ton temps à rabaisser, juger ou critiquer. Sois toujours bienveillant, et l'univers te remerciera en mettant sur ta route les clés dont tu as besoin pour ouvrir les portes qui sont devant toi. J'ai testé cette technique et, crois-moi, elle fonctionne à merveille.

MANGE BIEN : LA BONNE ÉNERGIE POUR TON CORPS

36.

Je ne suis pas la meilleure personne pour donner des conseils sur l'alimentation, j'en suis consciente, parce que je suis fan de McDonald's et des Kinder Bueno. Tout ce qui est sucré m'attire. Si j'ouvre un paquet de bonbons, il y a de grandes chances que je le finisse ! Donc tu as bien compris que manger sain, c'est un petit peu compliqué pour moi. Je ne cuisine pas du tout et si je suis seule, je ne vais pas m'embêter, je vais commander en livraison n'importe quoi qui me fait plaisir. Je ne suis vraiment pas embêtante côté nourriture, tout me va, du moment que c'est déjà prêt ! Par contre, depuis quelques années, grâce à mon conjoint qui mange extrêmement bien, j'ai changé ma manière de m'alimenter et, clairement, j'ai vu la différence sur mon niveau d'énergie et la manière dont je me sens au quotidien.

J'ai eu des périodes dans ma vie où je me sentais hyper fatiguée, où tout était compliqué. Je me rends compte que cela était en grande partie lié au fait que je mangeais mal. Honnêtement, c'est important de faire attention à ce qu'on met dans notre corps. C'est comme pour le sport (voir p. 205), ça va bien au-delà du fait de faire attention à sa silhouette et de rechercher un corps qu'on estime beau.

Si tu mets la mauvaise essence, ta voiture ne risque pas d'aller bien loin. Eh bien, c'est la même chose pour ton corps : tu dois choisir le carburant adapté pour faire ton plein d'énergie !

On a tendance à se dire qu'on est indestructible – « J'ai de la chance, je peux manger ce que je veux, ça a zéro impact pour moi ! », « Oui, je peux fumer, c'est pas grave, moi ça ne m'atteindra pas », etc. J'ai vu mon grand-père mourir à cause des excès de son mode de vie (voir p. 240) et clairement, personne n'est à l'abri. On mange de plus en plus mal. Partout, on est entouré d'aliments transformés, qu'on consomme sans même s'en rendre compte. Oui, je sais, d'habitude, le ton est plus joyeux, mais c'est trop important : mangez bien.

J'ai eu une grosse prise de conscience avec le livre *Faites votre glucose révolution*[14] qui met en garde sur notre consommation de sucre beaucoup trop élevée. L'excès de sucre est un poison pour le corps. En gros, le sucre appelle le sucre, donc plus tu en manges, plus tu en as envie et plus tu as l'impression d'avoir faim. En fait, je trouve super enrichissant de lire ce type de livres, même si tu ne t'intéresses pas spécialement à l'alimentation, parce que ça te permet de comprendre plein de choses sur quoi faire pour te sentir mieux.

Si tu veux de l'énergie, il faut consommer les produits les moins transformés possible et privilégier tout ce qui est aliments « vivants » (fruits et légumes). En mangeant équilibré et sain, tu donneras à ton corps tout ce dont il a besoin. Évidemment, on parle d'alimentation, mais c'est encore plus global : l'idée est d'avoir un mode de vie sain, en faisant aussi de l'activité physique régulièrement.

---

14. Jessie Inchauspé, Pocket, 2024.

Arrête de te trouver des excuses et fais-le !

Ce que tu mets dans ton assiette a beaucoup plus d'impact sur ta vie que tu ne le penses ! En faire l'expérience en voyant la différence dans ton corps, sur ton énergie et sur ton mental est assez incroyable. Et maintenant que je l'ai vécu, que j'en ai pris conscience, je veux le partager avec toi, parce que je me rends compte que c'est super important. Peut-être que tu as déjà l'habitude de bien manger, dans ce cas : bravo ! Mais si c'est nouveau pour toi, fixe-toi de petits objectifs réalisables pour tenir dans le temps, ou des défis pour te motiver. Si tu passes cinq minutes sur Internet, je suis sûre que tu vas trouver au moins une recette facile, saine et appétissante que tu auras envie de réaliser !

PRENDS LE TEMPS DE **FAIRE DU SPORT**

37.

Peut-être que tu adores ça et que tu pratiques déjà régulièrement, dans ce cas, je n'ai pas à te convaincre des bienfaits que le sport apporte dans tous les domaines de la vie ! Mais peut-être que tu détestes ça. Dans ce cas, il faut absolument que tu lises cette clé !

Le sport m'a suivie plus ou moins toute ma vie. Je me suis toujours considérée comme quelqu'un de sportif, même s'il m'est arrivé à certaines périodes de ma vie de ne pas en faire pendant six mois. Mais j'ai toujours eu cet attrait pour le sport, c'est quelque chose que j'aime naturellement depuis que je suis petite. D'ailleurs, je pense que c'est une bonne chose de faire faire du sport à nos enfants, parce que ça les met dans une bonne dynamique, c'est comme pour les livres (p. 99). Ils nous voient faire du sport, ils en font aussi, et c'est une bonne habitude qui s'ancre en eux. Apprendre jeune et en s'amusant est la meilleure manière de commencer !

Tu es au courant, de nombreuses études montrent qu'en pratiquant une activité sportive régulière, on vit plus longtemps, en meilleure santé, que c'est bon pour le corps, pour le cœur, etc. Mais au-delà de ça, ce sont les effets psychologiques du sport qui me parlent le plus. Souvent, au début, on fait du sport parce qu'on veut être fin, musclé, avoir un beau corps, etc. Mais quand on commence à le faire, on s'aperçoit que c'est beaucoup plus que ça et que ça a un réel impact positif sur le mental.

Comme ma prof de yoga le dit souvent : « Ce qu'on fait comme exercices sur le tapis de yoga va bien au-delà du tapis. »

Et c'est valable pour tous les sports. Ils peuvent vraiment changer ta vie. Alors, je ne vais pas te mentir, quand tu débutes et que tu n'as jamais fait de sport, c'est franchement dur. Tu n'arrives pas à faire autant ou aussi bien que tu voudrais, ça peut te démoraliser et te démotiver. Les premières fois, tu vas aussi avoir des courbatures de fou. Tu vas avoir mal, mais sache que c'est normal, on passe tous par là à un moment ou à un autre. Mais franchement, accroche-toi, parce que ça vaut le coup. Une fois que tu dépasses ce stade, que tu commences à être plus à l'aise avec tes mouvements et ton corps, alors tu peux vraiment prendre du plaisir et profiter à fond de tout ce que ça peut t'apporter. Je te dis que je suis sportive, mais j'ai appris à faire du ski à 27 ans et, au début, je peux te dire que ce n'était pas du tout fun[15]. Mais maintenant que je n'ai plus d'appréhension, je trouve ça vraiment cool !

C'est à partir de là que la magie du sport fait son effet. Si tu me connais, je prends souvent l'exemple de l'endurance, qui est un de mes sports favoris. Quand je cours, je n'ai plus de pensées parasites. Pendant que les kilomètres s'enchaînent, en général, je réfléchis sur ma vie, où j'en suis actuellement, où je souhaite aller. Souvent, je pars avec un problème, une difficulté que je dois régler dans ma vie par exemple, ou une situation qui a pu me déranger. J'ai bien le temps de remettre en perspective toutes les situations, de me demander si j'ai bien fait ou pas, etc. C'est aussi valable pour d'autres sports cardios, tout ce qui demande au corps d'enchaîner machinalement des mouvements. Ça donne de l'espace mental pour penser à autre chose.

15. Si tu veux toute l'histoire, je t'en parle dans la clé « Éduque tes enfants avec respect et bienveillance », p. 160.

Quand je pars courir avec un problème, je rentre toujours avec une solution claire.

Attention, tous les kilomètres ne sont pas aussi faciles les uns que les autres. Même moi qui suis sportive et qui adore courir, quand je sors une heure ou une heure et demie, je fais systématiquement face aux mêmes paliers :

- 1er palier (0-1 km) : « Ah qu'est-ce que ça fait du bien, j'adore courir ! »

- 2e palier (2-5 km) : « Mais qu'est-ce que je fous là ? C'est hyper dur ! »

- 3e palier (6-9 km) : « Ah, finalement, j'ai bien fait de ne pas m'arrêter, je me sens à nouveau bien ! »

- Dernier palier (+ 10 km) : « Waouh, qu'est-ce que je me sens puissante ! »

Je pense que faire du sport forge un mental et aide dans la vie professionnelle comme personnelle. Ça t'apprend la persévérance, à essayer encore quand tu n'y arrives pas, à t'ajuster, que tu peux commencer quelque chose de nouveau à n'importe quel âge. Et tu te sens tellement fier quand tu y arrives, ton corps est bourré de dopamine, comme s'il recevait une récompense. Quand je vais courir avec mon club, peu importe qu'il fasse nuit et froid, une fois que je rentre, je me sens tellement bien de l'avoir fait !

Alors je te parle de courir plus de 10 km, mais je n'ai pas fait ça du jour au lendemain. L'endurance m'a toujours beaucoup plu et j'ai commencé la course à pied en courant toute seule régulièrement 2 ou 3 km. Puis je me suis inscrite dans un club pour progresser et être motivée par un groupe qui avait un niveau au-dessus du mien (voir p. 148). Et aujourd'hui, courir sur de longues distances fait partie de ma routine.

L'important est de trouver l'exercice qui te plaît.

Un autre aspect assez fascinant, c'est l'énergie qu'on reçoit des autres lorsqu'on participe à des événements. Vers la fin de l'année 2024, j'ai fait l'Hyrox de Marseille. C'est un mélange de course d'endurance et de crossfit. En gros, tu cours 1 km, tu fais un exercice de renforcement musculaire, et tu recommences ça huit fois, tout en essayant d'aller le plus vite possible. On peut le faire en solo ou en duo, et on s'y était inscrit avec mon conjoint. Pendant l'entraînement (un peu limité avec mes soucis de santé qui ont suivi le Marathon des sables, voir p. 211), j'avais l'impression que c'étaient des charges de fou et que je n'y arriverais pas, que ça allait être hyper dur pour moi. Et finalement, j'ai adoré ! Oui, c'était dur, forcément, mais pas aussi insurmontable que je le pensais. Et j'avais déjà vécu ça en participant à une course officielle. J'étais allée beaucoup plus vite que lorsque je m'entraînais toute seule, parce qu'il y avait une ambiance et une énergie qui me portaient.

D'ailleurs, je n'y vais pas pour faire mieux que mon voisin ou ma pote, ou pour pouvoir montrer ma médaille à tout le monde. Ça, je m'en fiche.

Quand je participe à des compétitions, je le fais pour moi, pour gagner face à moi-même, me prouver que je suis capable.

Peut-être qu'aujourd'hui, tu te dis que tu es bien loin de tout ça, mais je t'assure que si tu commences à mettre quelques heures de sport par semaine dans ton emploi du temps, tu vas faire bouger pas mal de choses. Je sais, c'est dur de s'y mettre, mais motive-toi et vas-y. Tente une heure par semaine, puis deux, puis trois. Trouve le ou les sports qui te plaisent et fonce ! Peu importe ce que tu choisis de faire ; tant que tu fais quelque chose, c'est bon. Et après, quand tu vis ta vie et que tu fais face à un problème, tu te dis que tu peux y arriver, que tu es capable d'aller plus loin que tu ne le penses.

DÉPASSE-TOI, MAIS **RESPECTE TON CORPS**

38.

Tout au long de ce livre, je te dis de te bouger, de dépasser tes limites, de ne rien lâcher. Parce que je suis convaincue qu'avec un mental solide, tu peux obtenir tout ce que tu veux. Malgré tout, en un peu plus d'un an, j'ai fait deux fois l'expérience d'un mental qui m'a emmenée trop loin. Ça m'a appris que les limites peuvent être repoussées, mais que, pour le corps, on ne peut pas le faire brutalement.

En 2024, j'ai participé au Marathon des sables. C'était une expérience extraordinaire ! Je devais parcourir 120 km dans le désert du Sahara, en autosuffisance. Ça signifie qu'exceptées notre tente et les réserves d'eau qui sont fournies, on porte tout dans notre sac à dos : matelas, duvet si on le souhaite, nourriture, affaires de rechange, lunettes de soleil, crème solaire, produits d'hygiène, etc. Certains éléments sont obligatoires car ils assurent notre sécurité ; d'autres, relatifs au confort, sont laissés à notre choix. Mais il ne faut pas oublier que tout ça finit sur notre dos. Au minimum, le sac pèse 6 kg, et avec les gourdes remplies, on monte à 8 kg. On arrive sur le site, en plein désert, la veille du début de la course, et on dort sous une tente pendant quatre jours : 30 km de course sont prévus le premier jour, 60 km le deuxième. Là s'intercale une journée de repos, et on finit le dernier jour avec 30 km à nouveau.

Quand j'ai commencé l'épreuve le premier jour, je n'étais déjà plus qu'à 80 % d'énergie parce qu'on avait déjà fait un parcours dans le désert pour arriver au point de départ, et qu'on avait passé la première nuit sous une tente. Et les conditions météorologiques de la première étape ont été complètement improbables : il a plu à seaux. Ça nous a tout de même donné un petit coup de fouet et ça a fait perdre 10 °C, ce qui n'est pas si mal. Pour te situer, il fait tellement chaud que tu dois même consommer des pastilles de sel pour ne pas te déshydrater. Là, on était trempés de la tête aux pieds et on s'est même retrouvés à traverser des rivières qui se formaient à cause des pluies. Mais les 30 km se sont bien passés.

Deuxième jour, c'est celui que j'appréhendais, avec ses 60 km. Je commençais déjà à être très fatiguée de l'effort de la veille, plus la pluie, plus quand on dort en tente, ce n'est pas non plus une nuit dans un hôtel 5 étoiles… On partait vers 8 heures, et je m'étais fixé de rentrer avant 22 h 30. Sur la route, j'ai rencontré un coach qui m'a motivée à dépasser mon objectif. Comme pour tout ce que je fais, j'y suis allée à fond. Et j'ai fini à 18 h 30, au bout de 10 h 30 d'effort. J'étais trop contente en passant la ligne d'arrivée. Je me suis assise dans le sable près de ma tente et j'ai appelé mon conjoint pour lui raconter. Sauf que, quand j'ai voulu me relever, je suis tombée dans les pommes. J'ai été prise en charge par l'infirmerie où l'équipe m'a dit, rassurante : « On va vous faire une perfusion, dans même pas une heure vous êtes sur pied. » En fait, j'étais beaucoup plus déshydratée que prévu. Ils ont dû me faire une deuxième perfusion et j'ai mis cinq heures avant de pouvoir me relever. Avec en bonus une tendinite au genou, appelée syndrome de l'essuie-glace. Heureusement qu'il y avait le jour de repos le lendemain, sinon je n'aurais pas pu repartir. La dernière journée a été dure, entre la fatigue et les douleurs au genou qui faisaient que je ne pouvais pas courir, mais j'ai réussi à aller au bout. Je l'ai fait. J'étais super contente.

C'est très bien d'avoir un mental fort, mais c'est tout aussi important de savoir quand il faut prendre son temps.

Mais j'ai compris que sur les 60 km, j'avais été beaucoup trop loin dans l'effort. J'ai voulu me prouver que je pouvais faire mieux que mon objectif et toute la journée j'ai enchaîné. J'ai grignoté quelques barres plutôt que de faire une réelle pause pour récupérer et me nourrir correctement. J'avais des crampes, mais je n'ai pas écouté les signaux de mon corps et j'y suis allée au mental.

Et ça m'a pénalisée dans mon quotidien quand je suis rentrée chez moi. Quelques jours après la fin du Marathon des sables, j'ai eu un gros problème digestif. Au début, j'ai cru que j'avais une infection, mais les médecins m'ont expliqué que j'avais été tellement loin dans mon effort physique que je n'avais pas assez de sang pour alimenter tout mon corps et, du coup, le système digestif s'est complètement déréglé. J'ai passé quasiment deux semaines au lit, j'ai dû annuler tous mes rendez-vous tellement j'étais épuisée et malade. Vu le temps que j'ai mis à me remettre, clairement, les calculs que j'avais faits n'étaient pas les bons.

Le mental du « j'y vais », ça va au-delà du sport. C'est une vraie philosophie de vie, de ne jamais rien lâcher, et ça peut débloquer plein de situations. Mais j'ai compris que notre cerveau devait être encore plus fort pour se dire : « OK, on ne lâche pas, mais attention à la manière dont on se dépasse. » Et ça, ce n'est pas évident. Dans mon cas, si c'était à refaire, je n'hésiterais pas à mettre quelques heures de plus, à faire de vraies pauses pour permettre à mon corps de reprendre de l'énergie.

J'ai bien compris la leçon cette fois-ci. Parce que je m'étais déjà fait avoir l'année d'avant, où j'avais fait un « challenge des États-Unis » – d'ailleurs, si vous voyez cette dénomination sur un challenge sportif, c'est censé mettre la puce à l'oreille qu'il ne faut pas y aller ! Le défi, c'était de faire 1 000 sauts à la corde par jour, et d'en rajouter chaque jour 100 de plus. Pour te donner une idée, je me suis lancée en ne sachant tellement pas sauter à la corde que je sautais sans la corde parce que je n'y arrivais pas !

Pendant trois jours, j'ai enchaîné mon millier de sauts. Au quatrième jour, je me suis dit : j'ai quand même hyper mal au mollet, je ne vais pas le faire aujourd'hui. C'était le premier jour des grandes vacances et on était dans un parc aquatique avec Gianni et la fille de mon conjoint. Mon compagnon m'a lancé : « Le premier qui arrive au toboggan a gagné ! » C'est toujours la même histoire avec moi ; si on me dit ça, je fonce ! Nos enfants étaient là, à se dire que leurs parents étaient vraiment de grands enfants. Je suis donc partie à fond en mode sprint, j'ai fait deux enjambées, et je suis tombée net. J'ai senti un truc pas normal dans mon mollet gauche, comme s'il avait claqué. Et impossible de me lever. Le diagnostic a été posé peu après : déchirure. On était début juillet, et ça a été super long à guérir. Je n'ai pu recommencer à faire du sport qu'en janvier.

Conclusion : un mental fort, c'est très bien, mais un mental fort et intelligent, c'est mieux.

La gagne contre soi, vouloir finir à tout prix ses défis : c'est une bonne chose d'avoir cette volonté et ce mental à toute épreuve. Mais pas dans n'importe quelle condition. N'oublions pas de réfléchir intelligemment à ce qu'on fait, et de ne pas se laisser emporter par la force du mental. Avec le recul, ce que j'ai eu n'était pas grave, mais ça m'a fait prendre conscience que ça pouvait vite basculer de l'autre côté. Quand tu veux te dépasser physiquement, sois conscient de ce que ça implique, prépare-toi, et envisage bien les conséquences pour être le plus efficace possible.

Attention, ne prends pas ça comme une excuse pour être frileux ou ne pas oser ! Plutôt comme un conseil d'apprendre à te connaître et de savoir jusqu'où tu peux te pousser en te respectant, sans te blesser.

INTÈGRE LA **MÉDITATION** DANS TON **QUOTIDIEN**

39.

« Je n'ai pas de temps à perdre », « Faut être un peu perché pour méditer, non ? », « Moi je ne vais pas faire ça, ça ne sert à rien », « Oui, je sais, c'est le délire de pas mal de monde en ce moment, mais ce n'est pas le mien... »

Voilà quelques-unes des réactions que les gens ont quand je parle de méditation. J'étais moi-même un peu dubitative avant de commencer. Mais crois-moi, ça marche vraiment !

Pour être honnête avec toi, les deux ou trois premières fois, ça ne m'a pas fait grand-chose. Mais quand j'ai commencé à pratiquer régulièrement, là, je me suis rendu compte qu'un truc se passait.

J'ai vraiment vu un bénéfice clair pour m'endormir. Je ne peux pas dire que, au quotidien, j'aie des soucis d'endormissement, mais il m'arrive très ponctuellement, lorsque quelque chose me préoccupe beaucoup, de ne pas dormir de la nuit. Quand je suis dans cet état où je sens que ça va être impossible de m'endormir, je cherche sur Internet avec les mots-clés « méditation pour s'endormir » ou « méditation s'endormir serein ». Je vérifie que la voix off de la vidéo me convienne. C'est rare, mais il peut arriver que quelque chose me dérange. Dans ce cas, je ne cherche pas à lutter et j'en choisis une autre. Et là, dès que je mets la méditation, je déconnecte en deux minutes. Je suis concentrée sur la voix et je m'endors beaucoup plus sereinement.

Concrètement, méditer, c'est se mettre dans sa bulle, se recentrer sur soi et prendre conscience du moment présent.

Peut-être que ça t'est déjà arrivé de t'endormir avec la télé allumée. En général, ça finit par te réveiller, entre le son et la lumière de l'écran, et tu es dans un entre-deux entre rêve et cauchemar, qui mélange ta vie à ce qui passe à la télé. Tu ne te sens pas bien, tu es un peu désorienté et ton sommeil n'est pas de qualité. C'est pour ça d'ailleurs qu'il faut bien éteindre la télévision avant de dormir. Par contre, si tu t'endors en écoutant un texte bienveillant, par exemple une méditation pour avoir de l'abondance dans tous les domaines, je pense que ça t'apporte réellement quelque chose de positif.

J'ai une amie qui avait de gros soucis de sommeil. Elle m'avait raconté qu'elle se réveillait toutes les nuits entre 2 et 5 heures du matin – impossible de se rendormir. C'était hyper compliqué pour elle. Je lui ai conseillé d'essayer la méditation parce que c'est quelque chose qui marche pour moi pour le sommeil, ainsi que des fleurs de Bach. Il s'agit de préparations à base de fleurs naturelles qu'on trouve en pharmacie sans ordonnance, pour nous aider à faire face aux émotions difficiles. Il y a la formule « Rescue », la plus connue, qui est un mélange pour plus de sérénité. Mais chaque fleur possède ses propriétés propres, selon ce qu'on traverse : certaines aident spécifiquement à nous donner de la force, d'autres à faire face à un gros stress, à un choc, à prendre du recul sur une situation, etc.

C'est ma maman qui m'a fait découvrir les fleurs de Bach au moment du décès de mon pépé (voir p. 240). J'avais une tristesse immense et ma maman m'avait préparé une petite bouteille. Attention quand même au dosage, demande toujours conseil à ton pharmacien ! J'ai testé pour toi ! Je pensais que c'était à boire en une fois, alors que ma maman m'avait préparé plusieurs prises. Résultat, j'avais l'impression d'avoir bu trop de champagne ! Mais au-delà de ce premier contact que je ne risque pas d'oublier, je trouve que ça marche et que ça peut aider ponctuellement. C'est normal que les émotions s'expriment, mais lorsqu'on se retrouve noyé dans le stress ou la tristesse, on ne peut plus faire de bons choix ou réfléchir correctement et, dans ces cas-là, on peut tenter les fleurs de Bach.

Pour revenir à mon amie, elle a donc testé la combinaison méditation et fleurs de Bach. Elle m'a dit qu'elle avait vu un début de changement dès le premier jour, et qu'au bout d'une semaine, son problème était réglé alors que cela faisait longtemps qu'elle souffrait de ces insomnies.

La méditation, c'est une vraie ressource à avoir dans sa vie. Et plus on s'y habitue tôt, mieux c'est !

Depuis que j'ai découvert la méditation, j'ai envie de partager ça avec tout le monde. Et on peut commencer jeune. Mon fils adolescent et la fille de mon conjoint qui est au primaire ont tous les deux une petite box de méditation, sur lequel ils peuvent choisir leurs histoires. Je suis sûre que ça les aide à s'endormir plus paisiblement le soir.

Pour les novices, il existe plusieurs applications (comme Petit Bambou) qui t'aident à démarrer : elles te permettent de comprendre comment ça fonctionne et de devenir un méditant grâce à des conseils et des méditations guidées que tu peux écouter.

En m'y intéressant, j'ai découvert qu'il y avait de nombreux bienfaits sur la santé, qui avaient fait l'objet d'études. En gros, c'est prouvé : la méditation réduit le stress, améliore la qualité du sommeil et la concentration, réduit l'anxiété, et apporte de l'amour-propre car on apprend à s'aimer et à prendre du temps pour soi. Tu as ainsi une meilleure clarté mentale pour prendre des décisions. Tu es plus serein car tu ne te laisses pas polluer par tout ce qui t'entoure et tu arrives à prendre du recul sur plein de situations.

Il existe toutes sortes de méditations : assis, allongé, parfois même en marchant ; tu peux avoir les yeux fermés ou pas (pas si tu marches, évidemment !). Tu peux pratiquer à n'importe quel moment de la journée ou le soir au moment du coucher, en fonction de ce que tu recherches. Tu peux faire de la méditation lors de séances avec un professionnel, ou te laisser guider par une vidéo YouTube, une musique de fond, ou même sans rien, c'est vraiment comme tu préfères, et tu peux varier d'un jour sur l'autre.

Comme pour tout, je pense que si on croit à quelque chose, ça marche mieux que quand on n'y croit pas. Ça vaut pour un business comme pour ce type de pratiques. Si tu es convaincu que ça ne marchera pas, alors il y a de grandes chances que ce soit le cas. Et inversement ! L'important, c'est de croire en quelque chose qui te fait du bien et qui t'aide à avancer. Pour moi, la méditation est quelque chose qui peut t'apporter de nombreux bienfaits dans ta vie pro comme perso. Alors, tu vas essayer ?

TROUVE L'**HARMONIE** GRÂCE AU **FENG SHUI**

40.

Art ? Pratique ? Art de vivre ? Je ne sais pas trop comment qualifier le feng shui. Toujours est-il que je l'ai découvert il y a une dizaine d'années. J'avais 26 ans, mon fils en avait 3, ça faisait presque deux ans que j'étais célibataire, et j'avais l'impression que je ne tombais que sur des mecs qui ne me correspondaient pas du tout. J'étais jeune, mais déjà avec un petit garçon, il était donc hors de question que je me retrouve avec un homme qui ne soit pas mature.

Un jour, je regardais quelques vidéos de développement personnel sur YouTube (c'est à cette période que j'ai commencé à m'intéresser à tout ça) et je suis tombée sur une experte en feng shui qui rencontrait des personnes qui avaient une problématique. Ça pouvait être : je n'arrive pas à garder un job, je me sens constamment triste, ou encore je n'arrive pas à rester en couple. Elle se rendait chez les gens et analysait leur intérieur. Puis, elle leur proposait des réaménagements qui leur permettraient de trouver des solutions à leurs soucis. Quelques mois plus tard, on retrouvait ces personnes et leur vie avait nettement évolué.

J'ai trouvé ça super intéressant ! J'ai commencé à me dire que ça pouvait être bien de mettre un peu de feng shui dans ma maison, moi aussi. J'ai regardé des tas de vidéos, lu des tonnes d'articles et de livres, et j'ai appliqué tout ça dans mon intérieur – sans non plus tout changer de A à Z, je te rassure. Ce sont simplement des petits ajustements à mettre en place.

Concrètement, c'est l'art de bien choisir et de bien disposer les meubles et les objets dans ta maison pour attirer vers toi les bonnes énergies et te sentir bien. Ton intérieur possède différentes zones qui vont être consacrées à une thématique en particulier : l'argent, le bonheur, la famille, le business, etc.

Mon objectif, c'était de rencontrer l'homme de ma vie. J'ai suivi les conseils que j'ai trouvés concernant l'attirance de l'amour. Tout doit notamment fonctionner par paire et faire de la place à l'autre. Dans ma chambre, j'ai ajouté une seconde table de nuit identique à la mienne de l'autre côté du lit (depuis le début, je n'avais qu'une seule table de nuit de mon côté). J'ai aussi ajouté des oreillers de façon à en avoir un nombre pair (j'en avais trois jusque-là). J'ai fait de la place dans mon dressing, comme si une personne devait emménager demain (j'avais un dressing de 5 mètres qui débordait de fringues que je ne mettais même pas, autant te dire que ça m'a fait beaucoup de bien de désencombrer). J'ai ajouté de la décoration qui symbolisait pour moi l'amour...

Quelques semaines seulement après avoir effectué ces changements, j'ai rencontré quelqu'un. Coïncidence ou pas, je n'en sais rien, mais au fond de moi, je reste persuadée que cela a un rapport direct.

Le principe du feng shui, c'est de créer une harmonie à l'intérieur de chez soi, qui soit à la hauteur de celle qu'on veut avoir en soi.

Voici quelques conseils généraux que je peux te donner pour amener les bonnes énergies chez toi.

- Ouvre les volets tous les jours, même si tu as des pièces qui ne servent pas au quotidien. Le but est de laisser entrer l'énergie pour qu'elle circule.

- Ne place pas de miroir face aux fenêtres ou à la porte d'entrée. Dans le feng shui, on dit que les fenêtres et la porte permettent à l'énergie d'entrer, mais que les reflets du miroir en face la font ressortir immédiatement.

- Ferme toujours la lunette des toilettes, car l'énergie file par la tuyauterie.

- Entoure-toi uniquement d'images positives et adapte ta déco en fonction de ce que tu recherches.

Le feng shui, c'est déjà une manière de te sentir bien dans l'espace dans lequel tu habites. Ça te permet d'avoir un logement plus épuré, dans lequel tu te sens mieux. Toutes les choses sont à leur place, ce qui dégage une harmonie qui fait du bien. Il te permet alors d'avoir l'esprit plus libre et ouvert à ce qui t'entoure, et notamment aux énergies.

NE T'EN FAIS PAS, **L'UNIVERS** A UN **PLAN** !

41.

Je vais te raconter une histoire (oui, encore une !). Il y a bientôt quinze ans, je visitais pour la première fois un appartement avec mon compagnon, pour qu'on s'y installe ensemble. Gianni n'était pas encore avec nous, il s'était déjà logé dans mon ventre, mais je ne le savais pas encore à ce moment-là. La visite, organisée par un agent immobilier, était menée par la propriétaire.

Plus la visite avançait, plus nous discutions avec elle et plus je la voyais comme la femme parfaite. Elle était marchande de biens, elle avait beaucoup de goût, elle savait gérer les travaux, elle savait de quoi elle parlait en termes d'immobilier car, en l'écoutant, j'avais compris qu'elle en possédait un certain nombre. Clairement, elle savait mener son business d'une main de maître. En plus, elle avait un style vestimentaire qui, du haut de mes 22 ans, me faisait rêver. Elle était plus âgée que moi mais, dans mon souvenir, elle me semblait bien jeune pour être aussi avancée professionnellement. Je me souviens avoir pensé : « Waouh, cette femme a une vie de rêve, qu'est-ce que j'aimerais faire la même chose... »

Et puis, j'ai découvert que j'étais enceinte, j'ai décidé que mon fils s'épanouirait mieux dans une maison, je me suis remise à chercher un autre logement, et je n'ai plus jamais pensé à elle...

Il y a quelques jours, j'étais assise au volant de ma voiture en direction d'un magasin de bricolage afin d'acheter du matériel pour que les artisans puissent continuer les travaux dans un de mes appartements, et soudain, j'ai eu un flash... Je me suis souvenue de cette femme. Même quinze ans après, je me suis rappelé de tous les détails. J'étais impressionnée à l'époque. Je ne lui avais posé aucune question, ni sur son métier, ni sur comment elle avait fait. À vrai dire, je ne pensais même pas que j'avais le droit de faire ça. J'ai presque la sensation que j'étais une autre personne à l'époque. Et là, soudain, j'avais l'impression d'être à sa place, d'être devenue celle que j'avais toujours voulu être. Eh bien, crois-moi, quand tu te rends compte de ça par hasard, au beau milieu de l'autoroute A52, ça fait bizarre !

En y repensant, je me dis que, finalement, cette rencontre avait dû rester gravée dans un coin de ma tête toutes ces années.

Sans s'en rendre compte, elle avait sûrement planté une petite graine qui avait germé et grandi durant tout ce temps pour finalement devenir… ma vie.

On ne sait pas de quoi demain est fait, ni ce que l'univers nous réserve… N'est-ce pas incroyable de se dire qu'on peut croiser une personne et que toute notre vie va être conditionnée par l'envie qu'on a eue à ce moment-là ? Ce mois de novembre 2010 a indirectement marqué un tournant dans ma vie professionnelle et personnelle. Merci à cette femme de m'avoir ouvert les yeux sur un monde dont, ne serait-ce qu'un jour plus tôt, j'ignorais l'existence.

Regarde autour de toi, quelle vie veux-tu mener ? Prends exemple, avance comme si tout était simple, que les obstacles n'existaient pas. Au pire, ce ne sont que des ralentissements de quelques semaines, mais tu avances dans la direction que tu souhaites.

Ne t'arrête jamais, tu es capable de le faire.

Une des clés essentielles, c'est de croire que tu trouveras la voie et que les bonnes personnes croiseront ton chemin.

CRÉE TA **BOÎTE MAGIQUE**

42.

Je vais te raconter une histoire improbable mais vraie (je sais qu'on dit « incroyable », mais là, le mot juste est « improbable » !). Il y a quelques années, j'avais une boîte dans laquelle je mettais tout ce que je souhaitais obtenir dans ma vie – à l'époque, je le faisais sous forme de boîte, mais tu peux aussi le faire sous forme de tableau de visualisation[16].

J'avais choisi une boîte que je trouvais très jolie. Dedans, j'avais placé des petits bouts de papier sur lesquels j'avais noté quelle relation je souhaitais avoir avec telle ou telle personne, quel type de voiture je souhaitais conduire, et même combien je voulais avoir d'argent sur mon compte en banque, somme que j'avais inscrite sur un « chèque de l'univers »[17] . Tu peux aussi découper des photos dans des magazines ou imprimer des photos de choses qui t'inspirent. C'est toi qui choisis ce que tu mets dans ta boîte ou sur ton tableau.

16. Je t'explique en quoi ça consiste dans la clé « Fixe-toi des objectifs précis », p. 183.
17. Tu peux facilement trouver des modèles de ce chèque en faisant une recherche Internet ; pour résumer, c'est un « chèque d'abondance » émis par l'univers (ou la « banque de l'univers » selon les formulations) et qui t'est destiné.

Je crois à 100 % au pouvoir de la projection.

Si tu n'en as pas encore entendu parler, c'est le fait d'imaginer que tu possèdes déjà ce que tu souhaites ou être persuadé que ceci ou cela va arriver dans ta vie.

Et puis… j'ai totalement oublié cette boîte ! Elle était dans la bibliothèque de ma maison à Metz. Entre-temps, j'avais déménagé à l'autre bout de la France et je remontais rarement. Environ un an et demi plus tard, j'étais en train de trier cette bibliothèque pour choisir quels livres redescendre dans le Sud, quand je suis retombée sur la boîte. Je ne savais même plus vraiment quels vœux elle contenait. Je rigolais même un peu en me disant que, oui, j'y croyais vraiment le jour où j'avais fait cette boîte, mais que c'était quand même un peu n'importe quoi tout ça. Avec le recul, je pense que j'essayais peut-être de justifier en moi le fait que ça n'avait certainement pas dû marcher et que ça ne pouvait pas exister, ce genre de choses. Je me sentais presque ridicule d'avoir pu croire un instant que c'était possible.

J'ai donc ouvert donc la boîte, déplié mes petits papiers et commencé à lire : « Être de plus en plus proche de mon fils », « Rouler en Porsche Macan », « Être heureuse et épanouie dans mon couple » et mon chèque de l'univers. Eh bien, crois-le ou pas, à ce moment précis, je n'avais encore jamais été aussi proche de mon fils, je roulais en Porsche Cayenne (le modèle au-dessus du Porsche Macan), et le compte bancaire de mon entreprise avait dépassé de quelques euros la somme que j'avais mise sur le chèque de l'univers. Bon, je dois t'avouer qu'il y a une chose qui n'a pas bien fonctionné[18] ! Mais, en dehors de ça, tout était là ! J'avais même précisé les dates auxquelles je souhaitais que tout ça se réalise, et les choses s'étaient matérialisées environ six mois plus tard dans ma vie. Six mois de retard, ça reste acceptable pour atteindre ses objectifs, non ?

Je t'invite à effectuer cette expérience de boîte magique à ton tour. Tout le monde devrait essayer, même toi, le lecteur le plus sceptique de ce livre ! Comment veux-tu orienter ta vie vers le bon chemin si tu ne sais même pas où tu veux aller ?

Est-ce que tu sais que tu peux devenir la personne la plus cool que tu connaisses ?

18. *Si tu ne vois pas de quoi je parle, (re)lis la clé « Refuse les* up & down *! », p. 116.*

TU ES TA **PROPRE LIMITE**

43.

Vise le top, fais partie des 10 % les meilleurs de ta catégorie. Je dis 10 % pour que tu comprennes l'idée, mais ce n'est pas la valeur qui compte. Ça ne signifie pas forcément être « le meilleur », mais avoir la mentalité qui consiste à viser le haut du classement dans ce que tu entreprends, à tout donner pour atteindre le maximum de ce que tu es capable de faire. Il s'agit d'un état d'esprit particulier : tu dois être impliqué, discipliné, déterminé, capable de te remettre en question, travailler constamment pour t'améliorer.

Ces 10 % représentent l'élite (oui, l'élite est accessible !) : ceux qui ne se contentent pas de la moyenne, mais qui veulent aller plus loin, qui vont jusqu'à leurs limites et cherchent à les dépasser. Si tu lis ceci, ça veut sûrement dire que tu te trouves déjà dans les 10 % !

L'idée est que les gens que tu rencontres se souviennent de toi, que tu les marques par ton engagement et ta personnalité. Par exemple, lorsque j'étais en recherche de mon alternance, le patron de la société dont le travail était justement de faire le lien entre les entreprises et les étudiants a été marqué par mon obstination à trouver un poste et m'a offert une alternance dans sa propre entreprise ! Pareil lorsque tu vas voir ton banquier : il doit se souvenir de toi parce que tu fais les choses différemment, que tu connais ton dossier sur le bout des doigts, et que tu as une volonté et une motivation à toute épreuve.

Crois-moi, les gens de cette catégorie ne sont pas si nombreux. Une amie, qui a sa propre société avec plus de 70 employés, me racontait qu'elle était toujours attentive à la qualité de leur travail, afin d'identifier les plus consciencieux pour les promouvoir, car elle avait besoin de managers sur qui compter. Mais elle s'est rendu compte que les personnes qui se démarquent étaient bien moins fréquentes qu'on se l'imagine...

Ta vie peut être aussi dingue que tu imagines ! Alors rêve grand, sois enthousiaste et convaincu de ce dans quoi tu t'embarques !

Il n'y a rien de pire que des rêves raisonnables...

Et pour atteindre des objectifs, applique les principes que je partage dans ce livre. Ce sont eux qui m'ont permis d'être où j'en suis aujourd'hui.

C'est parce que tu abandonnes que tu perds, et non parce que tu perds que tu abandonnes.

Tu n'arriveras probablement pas instantanément à ces 10 %, c'est vraiment avec du temps et de la persévérance qu'on atteint ce but. Mais plus on est focus, plus on a de chances de réussir.

Dernier point, ne vise pas cet objectif pour les autres : fais tout ça pour toi-même, pour te montrer de quoi tu es capable.

OUVRE-TOI AUX POUVOIRS DE **L'ÉNERGIE** ET À **L'INEXPLICABLE**

44.

Je suis pragmatique au possible. Comme saint Thomas, je ne crois que ce que je vois. Mais je vais te raconter une histoire improbable. J'ai beaucoup hésité à la mettre dans ce livre parce que si on me la racontait, je ne la croirais pas. Tu vas voir, c'est complètement fou, et pourtant, je l'ai vécue, je l'ai ressentie dans mon corps. J'ai envie de te la raconter parce que ça t'ouvrira peut-être l'esprit sur de nouvelles perspectives. Et parce qu'il y a eu pour moi un avant et un après ces événements.

Un conseil avant de commencer : si tout ce qui est un peu paranormal te met mal à l'aise, saute ce chapitre.

Mon grand-père, Pépé Jean-Paul comme nous l'appelions avec mon frère et ma sœur, était un pilier de notre famille. Pendant des années, il a tenu un des magasins les plus connus du centre commercial de Metz, Mariavah. C'était une sacrée personnalité ! Il tutoyait tout le monde, il était pote avec les jeunes et au collège, on me disait : « Waouh, le monsieur de la boutique, qui porte des chaînes en or et des santiags, c'est ton grand-père ? Trop la classe ! » Tout le monde passait un jour ou l'autre dans son magasin où il vendait toutes sortes de choses : des T-shirts à l'effigie des chanteurs du moment, des piercings, des bijoux, des posters, des mugs, etc. Il était même hélixophile, le plus grand collectionneur de tire-bouchons de France, tu vois un peu le personnage !

À 65 ans, il venait de passer la main et c'était désormais mon frère Jordan, de deux ans mon cadet, et ma maman qui s'occupaient de faire tourner la boutique. Il avait beau être à la retraite, ce n'était pas du tout le cas dans sa tête et il venait tous les jours au magasin, accompagné de sa femme, on ne les voyait jamais l'un sans l'autre. Je pense que c'était une habitude qui faisait totalement partie de sa vie. Il était en forme, tout du moins il paraissait en forme. C'était un bon vivant, il ne se privait jamais d'un bon verre de vin accompagné d'une – voire deux ou trois – cigarette. Tu te sens toujours invincible dans ces cas-là, jusqu'au jour où, finalement, tu t'aperçois que tu ne l'es pas. Après plus de quarante ans à vivre comme ça, fin 2018, le couperet a fini par tomber : cancer du poumon stade 4.

Ma maman est venue me voir dans ma maison à Metz pour me l'annoncer. Sur le coup, je n'ai pas spécialement eu peur. En fait, je n'y connaissais rien donc je n'ai pas paniqué. J'ai simplement pris mon portable et effectué sur Internet les recherches dont j'avais besoin pour me faire une idée précise de la situation. J'ai enchaîné une dizaine de sites et de forums, j'ai lu les échanges des personnes qui se trouvaient dans la même situation que mon grand-père. Je me suis rendu compte rapidement que peu importaient les traitements mis en place ou la prise en charge par les plus grands spécialistes, rien n'y faisait, la maladie finissait toujours par gagner. Même si je suis de nature optimiste, il me semblait qu'il n'y avait aucune solution pour mon grand-père. C'était un choc énorme.

Les médecins n'étaient pas aussi pessimistes que moi et ils lui ont prescrit une chimiothérapie. Pour moi comme pour le reste de la famille, c'était une évidence : OK, la situation était terrible, mais on allait être là pour lui autant qu'il en aurait besoin.

En janvier, il a commencé le traitement. Très vite, on s'est rendu compte qu'il le supportait mal, ça l'affaiblissait énormément et il a dû être hospitalisé. C'est dans ces moments-là qu'on découvre nos proches autrement : pour mon grand-père, c'était une peur immense de la mort – vu la personnalité que c'était quand il était en forme, je n'aurais jamais pu imaginer ça. Pendant toute son hospitalisation, la famille s'est relayée auprès de lui. J'étais contente d'y aller et de passer du temps avec lui. Parfois, l'après-midi, je prenais mon ordi et je travaillais à côté de lui pendant qu'il se reposait, pour qu'il ne soit pas seul. À tour de rôle, nous dormions à l'hôpital : sa femme (qui n'était pas ma grand-mère mais je l'ai quasi toujours connu avec elle), ma mère, ses deux demi-sœurs, mon frère, ma sœur et moi.

Un soir, nous sommes en train de discuter avec mon frère dans le couloir de l'hôpital. Je vois ma petite sœur sortir vite de la chambre de notre grand-père : « Est-ce que vous pouvez venir ? Je ne sais pas ce qu'a pépé, mais ça ne va pas... » On entre, il est en train de se disputer avec l'infirmière qui est là pour lui faire sa piqûre d'insuline. Il refuse catégoriquement, personne ne comprend – ça fait des années qu'il est traité pour du diabète, il a l'habitude. Pépé me voit entrer : « Ah voilà ma petite-fille, elle va arranger les choses. » Puis il me chuchote : « Je vois bien que ce sont des petits trucs en plastique pour les manèges, ce ne sont pas de vrais trucs... » Mais de quoi parle-t-il ? Immédiatement, je me rends compte que quelque chose cloche. J'ai l'impression que tout s'écroule autour de moi, j'ai besoin de sortir. C'est fini, pépé est en train de perdre la tête. Dans le couloir, mes jambes lâchent, je m'effondre en pleurs. J'ai l'impression qu'il n'y a plus d'espoir. Il faut que je me ressaisisse : j'appelle maman pour la prévenir, je sais qu'elle voudrait savoir. Elle me dit qu'elle arrive. Ma petite sœur est encore dans la chambre, je ne sais pas si elle a compris ce qui se passe, je dois y retourner.

On passe une soirée étrange, parfois il est lucide, et parfois il n'est plus vraiment là, perdu dans le passé. Par exemple, il cherche absolument à sortir de l'hôpital, il a oublié pourquoi il est là. Alors, avec ma mère, on essaie de trouver des subterfuges. Comme on est en pleine période des Gilets jaunes, il avait suivi le début du mouvement avant sa chimio, on lui dit : « Les Gilets jaunes bloquent la rue, on ne peut pas sortir. » Je me rappellerai toujours de sa réponse, à la fois amusante et si triste : « Les Gilets jaunes ?! Comme si un gilet, ça allait bloquer la route… » Il ne se souvient plus. Puis il regarde par la fenêtre en me disant : « Regarde, il y a une déesse de la guerre, là-bas. » Je regarde dehors, il n'y a rien ni personne. Je vérifie sur Internet l'histoire qu'il me raconte : le personnage mythologique dont il me parle existe bien (mon grand-père a toujours été cultivé et il aimait les choses anciennes), mais seulement, il me dit qu'il la voit devant lui. Rien que de t'en parler, ça me fait encore des frissons… Mon grand-père a toujours été quelqu'un de connecté à la réalité, et, la veille, il était parfaitement normal ; le voir ainsi, c'est terrible.

Avec ma mère, on finit par le convaincre de dormir. La nuit se passe tant bien que mal. Au petit matin, il me dit : « Allison, c'est vraiment bizarre, j'étais dans un endroit avec plein de gens que je connais, mais je suis incapable de te dire qui c'était. Il y avait une grande salle avec une coupole en verre, c'était magnifique… J'étais bien là-bas, ces gens me demandaient de rester mais je leur ai dit que je ne pouvais pas, qu'il fallait que j'aille voir ma femme. » Crois-moi, ce sont des mots qui te marquent à vie et que tu n'imagines pas entendre un jour.

Les jours passent, sa lucidité semble être revenue, mais son état se dégrade. Et, un soir, je vois que ça ne va vraiment pas. Pépé ne répond plus quand je lui parle, il est allongé sur le côté, comme s'il dormait, mais je vois bien qu'il n'est pas à l'aise. Son visage est encore plus pâle que d'habitude, j'ai l'impression de ne plus le reconnaître, que la fin approche. Je repars de l'hôpital en pleurs (c'est au tour de maman de rester auprès de lui ce jour-là) et je téléphone à mon conjoint de l'époque : « Il va mourir. » Il est très tard, je suis mal tout au long de la route.

Dans ma maison vide (mon conjoint habite dans le Sud, mon fils est chez son père), mes pensées tournent dans tous les sens. Je ne sais pas pourquoi, je me souviens alors d'une phrase du médecin de pépé, lorsqu'il faisait le tour des chambres : « Oh il y a du monde ici ! C'est super, vous lui donnez de l'énergie. » Ça me fait penser à ma mère qui avait fait un atelier de shiatsu pour faire passer l'énergie. À l'époque, c'était tellement abstrait pour moi, je me disais : qu'est-ce qu'elle raconte, c'est quoi ce truc de chamane ?! Elle m'avait expliqué qu'il s'agissait de frotter les mains fort entre elles, qu'on sentait quelque chose entre ses paumes, son énergie, que les mains allaient s'écarter et qu'on passait ensuite cette boule d'énergie aux autres participants. Elle n'avait pas réussi, mais d'autres y étaient arrivés, mon beau-père notamment. À la période où elle avait fait l'atelier, j'étais à des années-lumière de ces trucs-là. Mais ce soir, toutes ces phrases autour de l'énergie me reviennent : pépé qui n'a plus de forces, le médecin qui parle de donner de l'énergie, maman et son atelier.

Je suis couchée, j'ai déjà éteint la lumière mais je récupère mon téléphone et je tape : « Comment donner de l'énergie à quelqu'un ». J'étais tellement dévastée que je crois qu'à ce moment-là, si un arnaqueur avait sonné à ma porte en me promettant que mon grand-père irait mieux si je sautais à cloche-pied pendant 24 heures face à la lune, je l'aurais fait. Je tombe d'abord sur plusieurs sites qui parlent de Dieu, mais je ne suis pas croyante ; je laisse de côté. Puis j'arrive sur un site décrivant exactement ce que m'avait raconté ma maman. Je me mets à faire ce qui est décrit, je frotte mes mains l'une contre l'autre. Je n'arrête pas de me dire : tu es remplie d'énergie, tu peux largement la donner à quelqu'un, tu as assez d'énergie. Je continue longtemps, je perds la notion du temps. Je pense à mon grand-père. Et d'un coup, mes mains s'ouvrent largement, au moins autant que mes épaules. Là, je me dis : Allison, tu as tellement envie que ça marche que c'est toi qui provoques ça psychologiquement ! Pour voir si tout ceci est réel, j'essaie de ramener mes mains l'une vers l'autre, mais je sens cette force que décrit le site, comme si mes mains étaient deux aimants opposés que je ne pouvais pas rapprocher. Je suis tellement choquée que j'arrête tout. Je me précipite pour allumer la lumière. Mais qu'est-ce qui vient de se passer ?

Je me recouche avec la lumière allumée tellement j'ai peur (ça ne m'est jamais arrivé de toute ma vie !). Je sombre dans un demi-sommeil, mais j'ai une envie pressante d'aller faire pipi. Je trouve ça bizarre car c'est soudain, mais finalement ce n'est pas plus bizarre que le reste de la soirée... Je me recouche à nouveau et je sens mes bras devenir lourds, tu sais cette sensation quand on fait beaucoup de sport, qu'on a soulevé des poids. Je n'ai plus de force, j'ai des crampes dans les mains, je ne me sens pas bien, j'ai la nausée et un goût inhabituel dans la bouche. Je ne comprends pas, mais je ne cherche pas à comprendre, je suis épuisée et je finis par m'endormir. Quand je me réveille vers 5 ou 6 heures du matin, je me précipite pour appeler maman qui est restée à l'hôpital, et tant pis si je la réveille : « Maman, il faut trop que je te parle. » Mais elle me répond : « Non, non, moi, il faut trop que je te parle ! » Quoi ? Elle continue : « Pépé s'est réveillé à 2 heures du matin en pleine forme. Il va bien. Il marche, il sourit, on parle comme si de rien n'était. » Je lui explique tout ce qui s'est passé pour moi pendant la nuit. Ma mère croit en tout ça, elle croit aux énergies. Et elle me dit : « Voilà. C'est ça. » Par rapport aux symptômes que j'ai eus, elle m'explique que pépé a régulièrement des crampes aux mains, que les métastases de son cancer ont gagné la prostate provoquant des envies d'uriner fréquentes, et que son traitement lui donne un goût bizarre dans la bouche. J'ai tout ressenti dans mon corps. Mon grand-père est même en état de sortir de l'hôpital pour quelques jours, ce qui était inimaginable pour moi la veille.

Mais ça ne s'arrête pas là. Peu après, explique à ma mère : « Je ne comprends pas, je n'arrête pas de voir Allison sur un lit, je ne comprends pas pourquoi. » Et elle lui a raconté ce qui s'était passé, alors que j'étais sur mon lit chez moi : on était vraiment connectés ce soir-là…

Moi qui suis si pragmatique et terre à terre, il se passe tellement de choses inexplicables que je ne peux pas ne pas croire qu'il y a quelque chose d'autre. Tout n'est pas comme on le pense, finalement.

Après ce répit, Pépé a été admis en soins palliatifs et est mort quelques semaines plus tard. On était tous là. Puis je me suis occupée des formalités, pour soutenir ma mère et mes tantes qui venaient de perdre leur papa.

Quand je suis rentrée chez moi à la fin de cette journée, j'ai ressenti des frissons des pieds à la tête et ce n'est pas une manière de parler : je tremblais de tout mon corps. C'était la première fois que ça m'arrivait. Je ressentais une présence mais j'ai eu tellement peur que je me rappelle dire : « Si tu es là, n'allume pas les lumières car je vais hurler ! » Ça peut te faire sourire de lire ça, mais je t'assure que c'est exactement cette sensation et que, quand tu le vis, c'est particulier ! Depuis la mort de pépé, je ressens ces frissons régulièrement. Une autre fois où j'étais couchée, j'ai eu l'impression qu'on me prenait dans les bras, réellement, alors que mon conjoint était de l'autre côté du lit. Aujourd'hui, souvent, quand j'ai besoin de prendre une décision difficile, ou quand je sens qu'une situation va être compliquée, la solution se présente d'elle-même peu après, ou bien un élément que je n'avais pas encore mais qui me permet de débloquer la situation surgit. Mon grand-père n'a pas connu mes succès, les passages dans les médias, mon premier livre, etc., tout ça s'est passé après sa mort et je pense qu'il n'y est pas pour rien. Même si on n'en a pas conscience, je pense qu'on est entouré de personnes qui nous protègent, comme des guides. Je suis convaincue que mon grand-père va bien et que je le retrouverai quand je vais partir à mon tour. On dit que la mort ce n'est pas grave, qu'on est que de passage sur terre, que c'est un moment, je le pense aussi.

Une chose est sûre dans cette histoire : les énergies ont un pouvoir de fou. Je ne pourrais pas t'expliquer comment ça fonctionne, parfois il nous arrive des choses inexplicables, incroyables. Mais je sais que les énergies sont là, partout autour de nous et qu'il faut les prendre en compte. Je suis sûre que tu en as déjà fait l'expérience, peut-être sans t'en rendre compte. Tu as déjà senti cet enthousiasme et cette évidence lorsque l'énergie circule ? C'est ça qui est dingue avec l'énergie, plus tu la nourris, plus elle rayonne.

Peu importe en quoi tu crois, l'important, c'est que ça te fasse du bien. Je crois en l'univers, je pense que mon grand-père m'aide, alors que peut-être pas du tout ! Mais le fait d'en être convaincue me donne la force de faire des choses et au final, ça m'aide à avancer. C'est ça qui compte.

TU ES **EXACTE-MENT** LÀ OÙ TU **DOIS ÊTRE**

45.

Tout part de ta façon de voir les choses. Tu te dis peut-être que je me répète, mais tu ne te rends pas compte à quel point ta vie peut se transformer juste en changeant de perspective. Si tu as tendance à tout voir en négatif, ton énergie va se perdre à imaginer des futurs qui n'ont quasi aucun risque de se produire. Mais si tu te forces à rester dans le présent, alors tu te focus sur ton projet et donc tu avances beaucoup mieux ! Plus tu vas t'entraîner à te concentrer sur le positif, plus ça va être facile pour toi. Quand je vis un truc négatif, aujourd'hui, je me dis naturellement : « On va voir ce que ça va donner, ce que ça peut m'apporter », ou « OK, là ça m'embête, mais en vrai, ce n'est pas grave ».

Par exemple, je viens de passer six mois à préparer un achat d'appartement. En gros, ça veut dire que j'ai passé du temps à identifier ce bien, à me renseigner sur l'appartement et le quartier, à monter un dossier de financement, etc. J'ai souhaité m'y rendre une dernière fois avant de signer. Là, le locataire ne voulait pas nous ouvrir ni quitter le logement. De plus, l'immeuble voisin venait d'être mis en péril, ce qui n'était pas le cas lors de mes premières visites. J'aurais pu me dire que j'avais perdu mon temps et mon énergie pour rien, etc. Non ! J'ai pensé : « Heureusement que j'ai vu ça ce jour-là, avant qu'il ne soit trop tard. L'univers m'a montré qu'il ne fallait pas que je prenne cet appartement-là. »

Attends, je t'entends penser que c'est plus facile pour moi de voir le bon côté des choses parce que je suis dans une période où je suis alignée dans ma vie. Mais même dans les périodes où j'étais dans le *down*, je me raccrochais à tout ce qui pouvait me faire du bien, et ce qui était positif m'aidait à remonter petit à petit.

À ce moment-là, j'ai installé chez moi un néon où il est écrit : *You are exactly where you need to be*[19]... Cette phrase m'aide beaucoup.

Peu importe où tu en es dans ta vie, même si c'est dur, tu es exactement où tu dois être pour avancer, et d'autres choses cool vont arriver ensuite.

Ma vie de couple a longtemps été une catastrophe. À chaque fois que je me suis mise en relation, j'étais persuadée que j'avais rencontré l'homme de ma vie, avec qui j'aurais des enfants et à côté de qui je vieillirais. Et ça n'a pas du tout été le cas. Mais quand je regarde en arrière, je me dis que chaque homme qui a traversé ma vie m'a apporté quelque chose et a fait la personne que je suis aujourd'hui. (Certes, il y a des relations qui auraient pu durer moins longtemps quand même !) Si je n'avais pas vécu tout ça, je n'en serais pas là.

Avec mon tout premier amoureux, avec qui je suis restée plusieurs années, j'ai découvert ce que ça voulait dire être amoureuse. Je pensais que c'était l'amour de ma vie, mais j'ai aussi appris que la vie n'était pas comme je l'imaginais.

Ensuite, j'ai rencontré le père de mon fils. Devenir mère a radicalement changé ma vie et mes priorités. Sans enfant, je serais probablement plus sortie avec mes potes, j'aurais été moins carrée, car j'aurais eu un besoin moins fort de gagner ma vie.

---

19. « *Tu es exactement là où tu dois être.* »

Mon conjoint suivant m'a apporté une vision du business complètement différente de celle que j'avais jusqu'alors. Quand je l'ai quitté, je ressentais aussi la volonté de prouver que j'étais capable d'y arriver professionnellement, et c'est pour ça que j'ai autant donné.

C'est pour rejoindre mon compagnon qui vivait dans le Sud de la France que j'ai déménagé dans cette région. J'étais tellement malheureuse dans mon couple que j'ai plus travaillé que jamais. Et il s'est passé tellement de trucs chouettes côté pro à cette période-là !

Enfin, j'ai rencontré mon conjoint actuel, avec qui j'ai découvert qu'il était possible d'avoir une relation saine et équilibrée. Si mon chemin de vie ne m'avait pas amenée jusqu'au Sud, jamais je ne l'aurais rencontré...

Grâce à ces années, j'ai appris à me connaître, à savoir ce que je voulais, ce qui était OK ou pas pour moi. Je sais maintenant que je ne peux pas partager la vie de quelqu'un qui a des valeurs différentes ou qui n'est pas respectueux. Si ton intuition te dit qu'il y a un *red flag*, il ne faut pas y aller. Je l'ai fait plusieurs fois, ça n'a jamais marché. J'ai appris à ne pas me forcer si je ressens que ça ne va pas..

> Ta voiture n'a pas démarré, ton réveil n'a pas sonné, tu as été coincé dans un embouteillage, tu ne trouvais plus tes clés... Tu n'es pas en retard, tu es juste là où tu devais être.

CONCLU-
SION

SUR LE **CHEMIN** DU **BONHEUR...**

Pour la première fois de ma vie, je suis heureuse. Heureuse pour de vrai. Je suis alignée autant personnellement que professionnellement. J'ai mis des années à arriver à cet équilibre (enfin, en l'écrivant, je me demande si c'est le bon mot, car tout n'est jamais parfaitement équilibré !). En tout cas, je me sens libre et vivante.

Je me rends compte que ce qui a changé, c'est que j'ai enfin réussi à atteindre un apaisement dans les différentes sphères de ma vie. Et tant qu'on n'a pas trouvé cet équilibre pro et perso, on ne peut pas totalement atteindre le bonheur. Et pour ça, implique-toi avec autant d'intensité et d'enthousiasme dans ta famille que dans ton business.

Commence par soigner tes blessures au lieu d'alimenter ta douleur. Tout ce qui doit t'arriver le sera dans la clarté et non dans la confusion. Je l'ai vécu, lorsque tu n'es pas bien, c'est compliqué de faire les bons choix. Tu es dirigé soit par ta peur, soit par ton stress et tes angoisses, tu es comme manipulé par ton mal-être.

Aujourd'hui, j'ai 36 ans, et c'est la première fois que je ressens cette plénitude. J'ai rencontré la personne qui me montre chaque jour que l'amour sain existe. Je me sens entourée par les bonnes personnes, qui me respectent. Surtout, je ne laisse à personne l'occasion de ne pas me respecter, ce qui n'a clairement pas toujours été le cas. Aujourd'hui, je sais qui je suis et ce que je vaux.

Ça peut paraître présomptueux, mais ça ne l'est pas. Ça devrait être la base : connaître notre valeur et ne jamais laisser personne nous faire croire que nous sommes moins bien.

Professionnellement, je me sens en parfaite cohérence avec ce que je fais au quotidien. Un jour, une amie chère m'a fait mon thème astral et mon destin de vie était de transmettre aux autres tout ce que j'apprends, mais plus facilement. Aujourd'hui, je me rends compte à quel point c'est exactement moi. En fait, plus tu comprends ce qui te fait vibrer, plus tu respectes ton instinct, et mieux tu te sens. Chacun est différent. Rien ne sert de se comparer. Quand tu embrasses ton fonctionnement au lieu de te battre contre toi-même, tu es plus efficace et tu gagnes en énergie. Utilise l'excitation comme une boussole, parce que ça te montre exactement où tu dois aller !

Le chemin du bonheur n'est pas facile, mais je suis convaincue que la vie réserve des choses cool à chacun d'entre nous. À nous de nous mettre en route au lieu de rester sur le bas-côté à regarder les autres avancer. Si tu le veux suffisamment fort, tu y arriveras. Pour cela, développe des habitudes saines, gère bien ton temps, mange correctement, persévère face aux difficultés, améliore continuellement tes connaissances et tes compétences, apprends à te remettre en question, sors régulièrement de ta zone de confort, ose te lancer, prends des risques (réfléchis-y, certes, mais prends des risques quand même), accepte de te tromper (ce n'est pas parce qu'on est face à un échec qu'on ne fait pas partie des meilleurs, c'est une étape d'apprentissage), entoure-toi des bonnes personnes, ne te laisse pas décourager et fais partie de groupes de personnes qui ont les mêmes aspirations que toi.

Je te souhaite de ne jamais lâcher tes rêves !